KB203941

고상환

목회자의 비윤리적인
행동에 반기를 들고
교회개혁에 뛰어들었다가
기독시민단체활동에
적극적으로 가담하게 되었다.
대학 시절 꿈꾸던 신학공부를
웨스트민스터신대원에서 하게
되고 그것도 모자라 평신도를
위한 신학운동을 하고자 맘
맞는 신학자들과 기독연구원
느헤미야를 설립하여
사무처장으로 섬기고 있다.
경기도 화성에서 서울까지 야간
이동을 하며 체력이 다하는
날까지 하나님 나라 위해 뛰는
게 소망이다.

권연경

서울대 영문학과와 미국
풀러신학대학원, 예일 대학교를
거쳐 영국 킹스칼리지 런던에서
신학박사학위를 받았다.
웨스트민스터신학대학원대학교와
안양대학교를 거쳐 숭실대학교와
기독연구원 느헤미야에서
신약을 가르치고 있다.
생물교회와 주님의보배교회
등에서 협동사역과 설교를
담당하고 있으며, 교회의
어려움에 도움을 주는 의리의
목사이다.

김형원

서울대 경영학과와
총신대신대원을 졸업하고
미국으로 유학하여
고든콘웰신학대학원과 보스턴
대학교를 거쳐 트리니티
복음주의신학대학원에서
신학박사학위를 받았다.
창천동에 있는 하.나.의.교회를
섬기며, 성서한국 이사와
월간 〈복음과상황〉
발행인을 맡고 있다.
웨스트민스터신학대학원대학교
교수를 거쳐 2011년부터
기독연구원 느헤미야의 원장을
맡고 있으며, 성도들과 격의
없이 교제하고 운동하는 것을
즐기는 목사이다.

김근주

학부에서는 경제학을
전공했지만, 주님의 은혜로운
인도하심을 따라 신학교에
가게 되었고, 결코 상상해 본
적이 없었는데 목사가 되었다.
예언자들이 외치는 심판뿐
아니라 그들이 외치는 회복의
메시지야말로 예수께서 이
땅에 선포하신 하나님 나라의
내용임을 깨닫고, 이를 연구하고
준행하고 가르치는 삶을 살기를
소망하고 있다. 소망이 그렇다는
거지, 실제로는 연구나 준행,
가르침 모두에서 '허우적거리고'
있다.

느헤미야 팟캐스트 2

랄랄라,
방언
받으셨어요?

느헤미야 팟캐스트 2

기독연구원 느헤미야 지음

홍성사.

차례

설교___

10년 넘게 같은 이야기?

본 방송은 2012년 5월 20일 아이튠즈 팟캐스트에 업로드된 내용입니다.

전성민   기독연구원 느헤미야 팟캐스트, 에고에 이미 시간이 찾아왔습니다.

김근주   짱이에요.

전성민   그간 좋은 소식들 많이 있었는지요?

권연경   천 년이 하루 같고 하루가 천 년 같습니다. (웃음)

전성민   오늘 먼저 김형원 교수님께서 자기 소개하심으로 청취하고 계신 분들께 자기 목소리를 알려 주시면 감사하겠습니다.

김형원   기독연구원 느헤미야 김형원입니다.

배덕만   복음신대원의 배덕만입니다.

조석민   에스라성경대학원대학교 조석민입니다.

김근주	김근주입니다.
전성민	다시 하시죠?
김근주	김근주입니다. (웃음)
권연경	소속이 없어.
전성민	매봉역. (웃음)
권연경	숭실대 기독교학과 권연경입니다.
김동춘	국제신학대학원 김동춘입니다.
고상환	느헤미야 앵벌이꾼 고상환입니다.
한병선	프로듀서 한병선입니다.

전성민   사회를 보고 있는 전성민입니다. 웨스트민스터신학대학원, 이름 너무 길어요. 자, 오늘의 주제

는 한국 교회와 설교입니다. 먼저 김근주 교수님께서 발제 겸 이야기를 시작하겠습니다.

김근주　　　한국 교회 양적 성장의 빼놓을 수 없는 요소 가운데 하나가 설교일 것 같습니다. 힘들고 어렵던 시대에…….

전성민　　　원고 그냥 읽으시게요?

김근주　　　아닙니다. 말하고 있습니다. 힘들고 어렵던 시기에 성도들을 달래고 힘을 주던 것이 목회자의 설교였고 복과 은혜에 대한 선포가 성도들에게 갈망과 기대를 불러일으켰습니다. 목회자들이 독서 교양에 기반해서 성도들이 바쁜 일상 가운데 생각지도 못한 좋은 책들에 실린 내용, 철학자들 이야기들을 통해 그런 지적 설교들도 한국 교회 성도들의 바람을 채워주었다고 할 수 있겠습니다. 설교의 최대 강점이 있다면 하나님 말씀을 가장 명료하고 정확하게 설명하고 설득할 수 있다 이것이죠. 대부분의 한국 교회 성도들은 강단에서 하나님 말씀이 선포된다고 믿고 있어요. 복음을 명료하게 선포하고 청중은 하나님 말씀이 지금 선포되고 있다 믿습니다. 이 두 가지가 결합하면 시너지 효과를 가져온다 할 수 있겠습니다. 이 두 관점이 사실은 설교의 약점을 내포하고 있죠.

첫 번째, 복음과 성경을 가장 명료하고 명확하게 설명하고 설득할 수 있는데 설교자들이 본문을 전혀 제대로 파악하지 못하고 있을 경우에 본문과는 아무 상관없는 내용으로 변질되고 말죠. 특히 한국 교회 초기처럼 사는 게 힘들고 괴로울 때는 설교자들이 본문을 제대로 파악했냐가 중요하지 않더라는 겁니다. 지금 위로가 되느냐, 지금 앞날의 소망을 주어서 이 참혹한 현실을 견디게 해줄 수 있느냐가 초기 교회 교우들이 설교를 들을 때 실질적인 기준이었던 것 같습니다. 그때는 본문을 제대로 파악하냐 상관없었어요. 믿음과 풍성한 삶, 이거에 얼마만큼 부합하느냐가 관건이지요. 근데 교회가 일정 궤도에 오르니까 이제 교우들이 좀 여유가 생긴 거죠. 그렇게 말씀 듣고 믿음대로 살았더니 넉넉해지고 잘살게 되었어요. 근데 현실에서 내가 어떻게 살아야 되나 아주 막막한데 설교를 들어도 답을 찾을 수가 없더라는 것입니다. 본문에 제대로 기반하지도 않았고 교우들의 실질적인 삶과 거리가 먼, 추상적인 내용이었다는 것입니다. 저는 한국 교회 설교의 위기가 요즘의 문제라기보다는 최초부터, 1907년 대부흥부터 한국 교회에 선포되는 설교가 애시당초 근본적으로 큰 문제라고 생각돼요. 그때는 괜찮았는데 70~80년대에 왜곡된 것이 아니라 처음부터 한국 교회가 첫 번째 강점, 즉 본문에 기초한 설교였는지 성도들의 일상을 터치하고 대안을 제시하는 설교였는지 1907년부터 전면적으로 봐야 되지 않은가 싶습니다.

두 번째, 강단에 대한 청중들의 신뢰가 있죠. 설교자들은 자신들이 하나님 말씀만 전한다고 강조했습니다. 제가 다니던 신학교에서 설교를 정의하기를 성언 운반 사역.

권연경   역시 배달의 민족이네.

김근주   하나님 말씀을 운반하는 것이 설교자의 사명이라는 거죠. 근데 이렇게 강조하시는 분들이 설교자의 인격적 변화와 삶을 아주 강조해요. 그걸 제대로 운반하려면 설교자의 인격이 뒷받침되어야 하기 때문이지만, 그럼에도 이런 식의 정의는 강단과 선포된 말씀에 지나친 의미를 부여하면서 설교자와 청중을 함께 착각에 빠지게 만드는 정의라고 생각합니다.

누가복음의 집필 동기에 관해 쓴 누가복음 1장 1절부터 4절까지의 글을 생각해 봅니다. 누가는 그렇게 이야기해요. 그 모든 일을 근원부터 자세히 미루어 살핀 나도 데오빌로 각하에게 차례대로 써 보내는 것이 좋은 줄 알았노니……. 한국 교회였다면 지난밤에 기도하는데 성령께서 마음을 감동하셨다 이런 소리를 분명히 할 거예요. (웃음)

전성민　　　　우리 다음 회까지 갈 수 있을지 모르겠어요, 지금. (웃음)

김근주　　　　글 하나를 써도 주께서 마음을 감화시키셨다 이런 소리들을 하지만 (웃음) 누가는 그 얘기 안 한다는 겁니다. 이 모든 일을 근원부터, 즉 'from the beginning'이에요. 근원부터 자세히 미루어 살폈다. 이성적이고 합리적이고 논증 가능한 표현으로 신중하게 검토했고, 그 이전에 썼던 글들도 누가가 다 수집했어요. 자기 책상에 마가복음을 비롯해서 자료를 모아 놓고 근원부터 자세히 미루어 살폈더라는 것입니다. 그러고는 나는 이렇게 차례대로 쓰겠다고 결정을 해요. 근데 이것도 누가는 표현하기를 차례대로 써보자는 것이 좋은 줄 알았노니, 개역성경은 좋은 줄 알았노니로 번역하지만 이 헬라어를 영어로 번역하면 'It seems good to me' 나 보기에 좋아 보인다예요. 한국 교회에서는 'seems good' 하면 날 새요. 'It is good', 이래야 되는 거지. (웃음) 이렇다고 선포해야 되지 나 보기에는 그렇게 보입니다 하면 저 설교자는 확신이 없고 성령의 역사도 없는 것이 되지요. 그렇지만 누가가 이렇게 신중하게 써 보낸 글이 몇백 년 지나면 교회 전체가 꼼짝을 못해요. 누가가 쓴 글이지만 하나님 말씀이구나, 성령의 역사구나 꼼짝할 수밖에 없더라는 것입니다. 그런 점에서 성령의 역사는 설교자의 신중함, 진지하고 세밀한 본문 탐구, 자신의 방식이 틀릴 수 있다, 제한적일 수 있다는 가능성을 인정하고 그런데도 역사는 일어나더라는 거죠. 제가 좋아하는 표현입니다. 역사는 감출 수가 없어요. 성령의 역사는 감출 수도 숨길 수도 없기 때문에 난리법석 안 떨어도 역사는 나는 거고 난리를 떨어도 성령이 임하지 않은 것도 감출 수 없다는 겁니다. 해석의 다양성이 인정되지 않는데 오직 성경으로를 외치면 횡포이고 폭력이라는 게 한국 교회 설교의 핵심이에요. 해석의 다양성은 일체 인정하지 않은 채 성경만 전한다면 동의하기 어려운 이야기일 것 같습니다.

그리고 회중의 관점에서 생각을 해보면 오늘날은 신학 교육과 안수받은 교역자가 설교를 하지만 신구약 시대는 그러지 않았죠. 배덕만 교수님한테 배운 겁니다만 오늘날의 교회는 교회 역사 안에서 확립되었기에 신약과 구약의 예를 가져와서 교회 이야기 하는 건 문제가 있다 싶습니다. 어찌됐든 설교는 본문을 얼마나 세심하게 살피는가가 중요하고 그 점에서 신학 교육이 필요하기는 하다 싶습니다. 그걸 우리가 신중하게 고려한다면 안수와 관계 없이 교우들이 하나님 말씀을 선포하고 가르치는 일에 참여하도록 권장하는 것이 필요하다는 거죠. 우리 목사님 영빨 세다, 이거에 회중 스스로 도취되는 경향이 있는데 설교자가 부어 넣기도 하고 회중도 그 말 뒤에 숨어 버리는 것들이 있죠. 회중들도 하나님 말씀을 선포하는 설교의 자리에 끊임없이 참여하도록 그래서 본문을 좀더 신중하게 살펴보도록 도전받아야 하지 않나 생각합니다.

전성민   긴 발제 감사드립니다. (웃음) 첫 번째 발제하셨던 문제 중에 설교가 우리에게 실제적으로 도움이 되고 있는가? 이런 문제제기가 있었던 것 같습니다. 어떻게 생각하시나요?

김동춘   첫 번째, 한국 교회 설교 현상에 대해서 얘기하고 문제가 뭔가, 두 번째는 설교에 대한 나의 견해, 나는 설교를 이렇게 바라본다, 설교자는 이런 사람이다. 아주 정론적이죠. 세 번째가 한국 교회 설교가 가야 될 방향 이렇게 해서…….

배덕만   논문 나오겠습니다. (웃음)

전성민   먼저 얘기를 해주시죠. 김동춘 교수님. 지금 한국 교회 설교 현상에 대해서 한마디 부탁드리겠습니다.

김동춘   다음으로 넘어가죠. (웃음)

고상환   다음 저예요. 넘어가면 안 됩니다. (웃음)

배덕만   제가 시작하면 좋을 것 같은데, 저희 학교에 외국인 학생이 20여 명 다니거든요. 근데 그 친구들 대화를 들어보면 이구동성으로 하는 말이 한국 교회가 자기네 교회하고 굉장히 다른 게 있다는 거예요. 제일 중요한 특징은 목사님이 읽으신 본문하고 설교 내용이 어떻게 맞는지 하나도 모르겠다고. 특정한 교회 이야기라서 문제가 될 수도 있겠지만, 그곳만 그런 게 아니라 여러 목사님들, 혹은 채플에 오신 목사님들 설교를 들을 때도 궁금한 게 저 설교와 본문이 무슨 관계가 있느냐는 거죠.

우리 교단에 전설같이 내려오는 얘기 중 하나가 총회장을 지내신 어느 목사님인데 헌신 예배에 늦은 겁니다. 근데 성경 본문하고 제목을 몰라서 부목사가 30분 동안 찬양하고 있다가 목사님이 오시니까 내려가서 "목사님 오늘 본문하고 설교 제목이 뭡니까?" 하니까 목사님 하신 말씀이 "아무 데나 펴서 읽어" 이랬다는 거죠.

고상환   대단한 영빨이네요.

배덕만   아까 지적한 것처럼 성경 본문과 설교 내용이 서로 연관없이 설교를 하고 있다, 설교 본문은 그냥 안전장치로 걸어놓고 내가 하고 싶은 얘기를 하는 경우가 중요한 문제가 아닌가, 또 지배적인 현상의 하나가 아닌가 합니다.

전성민   저도 성경 해석학 시간에 이런 얘기 하는데요. 이날의 본문이라 해서 해당 본문이 나와 있는데 딱 한 절만 나와 있다, 그러면 오늘은 그냥 하시고 싶은 말씀 하시겠구나 이런 기대가 된다고요. (웃음) 본문과 설교 내용이 관계없는 듯한 경우가 너무 많다는 느낌을 받습니다. 다들 그러신가요?

김동춘   한때 한국 교회에 강해 설교 관심이 일어났잖아요? 왜 최근에는 그런 흐름이 약화되었는지 그 이유에 대해서 생각들이 어떤지…….

조석민   너무 진부하게 느껴지지 않았을까요. 제가 본 상황인데 교회를 개척해서 3년이 됐는데 아직도 창세기예요. (웃음) 3년을 했는데 50장을 다 못 끝냈어요. 그런 이유가 하나 있고, 수원 어느 교회에서는 몇 년간 설교 제목이 '계시록 1', '계시록 2'. 그런 설교라면 과연 그 설교에 가치를 둘 것인가. 그런 것들이 강해 설교를 비참하게 만든다고 생각합니다. 줄줄이 엮으면서 본문을 빠짐없이 해석하면 강해 설교라고 배운 것이 아닌가, 폐단이라고 보입니다.

전성민   그러면 개척 이후 지금까지 마태복음인가요?

고상환   마태복음은 아직 하시는데요, 좀 겁나는 얘기지만 아까 한 절이라고 했잖아요? 저희는 열여섯 절이라고 하면 겁이 납니다. 한 시간 반을 이러고 있어야 되지 않나, 그런데 진짜 끝까지 하세요. 성도 입장에서는 열여섯 절을 압축해서 하는 게 아니라 한 절 한 절 다 하게 되니까 부담스러운 건 사실입니다.

조석민   기본적으로 목회자들이 갖는 부담감은 설득력이 있어야 된다는 것이고 그 설득력은 감동이 있어야 된다는 거예요. 성경 본문을 읽어 놓고 눈물을 쥐어짜거나 배꼽잡고 웃게 하면 사람들이 만족스러워하고 예배를 드렸다는 느낌이 오는 거죠. 그렇지 않으면 세상없는 말을 해도 소용이 없으니까. 점점 빠져들어 가고 또 매스컴을 통해서 그런 목사들이 인기를 얻으니까 흉내 내다 보니 강해 설교가 점점 희미해지는 것은 아닌가.

권연경   한편 생각해 보면 부흥이 있던 당시에는 성경 말씀 자체의 위력에 대한 건강한 신념이 있었던 것 같아요. 말씀 자체를 제대로 풀면 역사할 것이라는 긍정적 기대가 있었는데 실제로 잘 풀려면 상당한 훈련과 기교가 필요하거든요. 말씀 자체의 논리를 파헤쳐서 메시지로 만들고 전달을 해야 되는데 현실적으로 그러기에는 설교자의 자질이 많이 못 미치고.

전성민   설교가 너무 많고.

권연경   흉내만 내고 본문 자체의 강력한 메시지를 뽑아내는 수준까지는 못 가죠. 이름만 강해 설교지 실제로는 아닌 설교가 전해지면 당연히 재미없죠. 아무것도 아니더라, 별거 없더라, 하면서 자연스럽게 사라졌잖아요.

김근주   강해 설교의 실패라기보다는 본문 파악이 제대로 안 되기 때문에 강해 설교가 안 되는 거죠.

권연경   목회자들에게 설교 준비할 시간을 안 주잖아요?

김동춘   한국 교회에 설교의 위력이 있잖아요. 하나님 말씀을 듣기 위해서 교회를 간다, 예배를 드릴 때 중요하다, 이 부분이 약화된 이유 중 하나가 이제는 설교 외에, 큐티라든가 신앙 세미나라든가 수용 통로가 다변화 되었다고 생각해요. 요즘에 누가 설교 보고 교회 가냐는 이야기가 심심치 않게 들리는 이유가 그런 측면도 있지 않을까.

전성민   그런데 주일 예배는 설교를 들어야 예배를 드렸다는 느낌이 들지 않나요?

김동춘   성도들이 정보의 통로를 목회자 한 사람의 설교에만 의존하지 않는다는 거죠. 신앙서적도 많이 읽고.

전성민   교회에서는 설교를 잘 못 들어도 다른 데서 다 얻을 수 있으니까.

김형원   그래도 조사에 의하면 교인들이 교회에서 가장 중요하게 여기는 게 설교예요. 교회 선택에서 첫 번째로 꼽는 요소가 설교예요. 그건 변함이 없는 것 같아요. 다른 요소들을 많이 고려한다지만 여전히 조사하면 그렇게 나옵니다. 또 하나 재미있는 현상은 한국 교회 설교의 문제를 얘기하는데 조사를 해보면, 제 기억으로는 자기 교회 목사님의 설교에 대해서 70퍼센트 이상 만족한다는 거예요.

전성민   근데 성도들이 내 설교를 얼마나 만족하고 있을까에 대한 목회자의 기대치는 훨씬 더 높다는 거죠.

김형원   제가 기대했던 것보다 교인들의 만족도가 높아요. 우리 교회 목사님은 설교를 잘한다고 생각한다는 거예요. 그렇지 않으면 70~80퍼센트 가까이 되는 교인들이 교회를 떠났을지도 모르죠. 아니면 이미 떠났으

니까 남아 있는 사람들이 그럴 수도 있겠는데……. 우리
가 느끼는 현상과 달리 교인들이 느끼는 것은 다르다는
거예요. 상당히 만족한다는 거죠. 그러니까 총체적으로
잘못되었든지 아니면 다 괜찮든지 뭐 이런 상황.

조석민   교인들이 목사님 설교에 만족한다는
것은 서로 길들여 놓았고, 코드가 맞춰진 상황이기 때문
에 떠날 사람은 떠났고, 자기들에게 맞는 설교를 해주니
까 붙어 있는 거죠. 다른 목소리를 내면 목사를 갈아 치
우든가 아니면……. (웃음)

전성민   70퍼센트라는 수치가 저는 낮다고 보이
는데요. 교회 내에서 공동 위원회 하면 찬성률이 90퍼센
트 이상 나오지 않나요?

고상환   20~30퍼센트는 불만족인데 워낙 70퍼
센트에 의해 여론이 형성되어 있어서 따라가는 것뿐이죠.

전성민   설교가 아니라 공동 위원회를 할 때 어
떤 의견에 대한 찬성이 90퍼센트 이상…….

김형원　　　　강해를 못한다고 해서 반드시 목사를 쫓아내거나 그렇지는 않거든요.

조석민　　　　문제는 그거거든요. 설교 외에 목회를 보았을 때 목사가 설교를 조금 못해도 다른 면이나 인격이 훌륭하면 설교에 그다지 문제를 걸지는 않습니다.

김동춘　　　　우리가 신학생일 때 생각했던, 목회자에게 설교를 의존하는 정도에 비해서 많이 떨어졌다고 저는 생각해요. 교회 시설이나, 교회 교육 시스템, 셀 이런 것이 얼마나 갖춰졌는가도 중요하고 본인이 교회의 일원으로서 활동할 수 있는 여지가 있는 분위기 등도 고려하지 않는가…….

전성민　　　　저희 동네 근처에 제가 볼 때 굉장히 미스터리한 교회가 있거든요. 설교가 기독교 방송에 나오는데 들어보면 저 교회에 왜 출석하는지 정말 모르겠다는 교회가 있는데 교회 크기 자체는 메가처지거든요.

권연경　　　　어딘지 알겠다.

고상환   용인 사시죠?

전성민   그런 면에서 설교에 대한 성도들의 의존이나 중요성이 예전보다 많이 떨어졌을 수도…….

김근주   그 교회 성도님은 담임 목사님 설교에 만족하고 있을 거예요. 내가 생각하는 그 교회가 맞을 것 같은데, 금요 철야 예배 광경을 중계하는 중에 회중을 비춰 주는데 너무 행복한 얼굴로 목사님 설교를, 완전히 헛소리를 하고 있고 본문과는 아무 상관이 없는데 우리 교회 교인들은 결코 짓지 않을 (웃음) 그런 표정을 짓고 있어요. 그 교회 교인들은 확실해요. 목사님한테 100퍼센트 만족하고 있어요.

권연경   만족 안 하면 못 가는 교회야 거기는. 어떻게 가겠어요.

고상환   청년들 여론 조사를 해보면 청년부 담당 목사님이 설교를 잘하느냐보다는 시스템을 얘기해요. 찬양, 교회 분위기, 셀, 이런 거에 집착하지 설교자는 하위권에 속하는…….

권연경   기대치가 낮아졌다는 게 어떻게 보면
경험으로 습득한 것일 수 있어요. 제가 학생들한테 손들
어 보라는 소리를 잘해요. 설교가 하나님의 말씀이라고
생각하냐는 질문을 던져요. 그러면 70~80퍼센트가 손을
들어요. 근데 평신도 학생들을 대상으로 설교가 하나님
의 말씀이라고 생각하냐 물으면 20~30퍼센트가 손을 들
어요. 손 든 학생들한테 다시 물어요. 하나님의 말씀이라
고 생각하냐? 그러면 쭈뼛쭈뼛하면서 말을 바꿔요. 하나
님의 말씀이 돼야죠라고. (웃음) 원론적으로 손을 든 거지
자기가 듣는 설교가 정말 그렇다는 얘기는 안 해요. 이런
경험이 계속 반복되면 기대를 많이 떨어뜨릴 것 같아요.
제가 교인들로부터 많이 듣는, 설교를 힘들어하는 사람들
이 자주 이야기하는 것이 설교 자체는 괜찮아 보이
는데 '그래서 뭘 어쩌라고'라는 느낌을 주는 설
교가 많다 이거죠. 자기들과 연결이 안 된다는 불만
이 많은 것 같아요. 일단 말씀 자체를 잘 풀어내지 못하
고 본문과 관계없다면 그것도 불만이겠지만 열심히 설교
를 잘했는데 사실 연결점이 없는 상태로 끝나버리는 그런

불만…….

조석민   현실과의 괴리감. 설교를 듣고 있으면
서도 그래서 어쨌다는 거냐, 이렇게 되면 점점 귀를 닫
는…….

김형원   저는 오히려 거꾸로 생각을 하는데요,
부흥사나 TV에서 인기를 얻는 목사들이 너무 현실 적합
성을 내세우다 보니까 교인들이 그런 면에서 적응이 돼버
린 거예요. 어떤 면에서 보면 적용을 하고 삶과 연결 짓
는 건 교인들의 반응이라는 거죠. 설교가 선포되면 교인
들의 반응이 나와야 되는데 떠먹여 주기를 기다리는 거
예요. 내 상황은 이러니까 내 상황에 딱 맞는 것
을 주십시오. 근데 어떤 본문은 딱 적합한 것
이 안 나올 수 있거든요. 그러면 본인이 들으면서 묵
상하고 삶을 반추하고 나가야 되는데 그런 작업 안 한다
는 거예요. 굉장히 현실적인 것들을 줘야 '이 설교 은혜
받았다', '좋다'는 식의 반응이 나오죠. 그러니까 같이 가
는 측면이 많은 것 같아요. 기도원에서 부흥사들 설교하
는 것 보면 굉장히 현실적이긴 한데 그 현실적이라는 게

뻔하거든. 성도들의 삶이 거의 뻔하기 때문에, 결국 돈 내라 이런 얘기로 갈 수밖에 없어요. 그러나 말씀에서 그런 식으로 적용할 수 있는 것은 많지가 않잖아요.

조석민   현실 적용이라고 한다면, 개인의 삶의 패턴의 변화 이전에, 각자 나름대로 다 적용을 할 겁니다. 왜냐면 상황이 다르기 때문에. 제가 말하는 현실은 이런 겁니다. 천안함 사건이 일어나서 무수한 생명이 죽어 갔는데 교회에서 예배 중에 일언반구 없이 아무 일 없는 듯이 설교를 완벽하게 끝내고 누구 하나 얘기 안 하는 상황에서 설교의 의미가 뭘까, 예배의 의미가 뭘까. 현실 정부, 사회, 경제, 정의에서 큰 이슈가 제기되는데 오늘 설교를 어느 정도 적용해서 들어야 되지 않을까.

김형원   교인들은 그거 원하지 않을 걸요. (웃음) 큰 이슈를 듣기를 원하지 않는…….

권연경   그렇게 설교하면 교회 싸움 나요.

조석민   저는, 저희 교회 들어가면 동영상에 다

나오는데, 오늘 아침 설교도 그런 내용을 다 얘기해요. 왜냐면 이런 상황 속에서 우리가 어떻게 살아야 할 것인가, 오늘 본문이 말해 주는 복음에 대해서 어떻게 반응할 것인가 얘기하지 않으면 그 복음의 의미가 무엇일까 그거예요. 학교에서도 요한복음을 가르치는데 해석해 보니 이것과 저것이 나왔다. 거기서 끝나면 그래서 어쨌다는 건가, 아무 의미가 없다는 거죠. 성경이 해석되고 현실적으로 적용 가능성, 최소한 적용의 노력이 없으면 성경이 완벽하게 해석되더라도 의미가 없다는 거죠. 해석했으면 적용해야 되고 적용이 현실과 부닥쳐야 되지 않느냐. 설교가 그런 쪽으로 가야되지 않을까. 또 한 가지 설교가 약화된 것은 '경배와 찬양'이라는 형태가 있었습니다. 설교를 의지하지 않아도 가사와 곡조를 통해서 감정 고조, 소위 은혜를 받는 거죠. 찬양을 하면 더 감흥이 일어나는데 과연 설교에 귀를 기울일까.

배덕만　　　　　미국에서 대각성 운동이 처음에 일어났을 때, 그리고 영국에서 웨슬리 운동이 일어났을 때 성공회나 청교도들은 완벽하게 정리된 포맷으로 설교를 써서 읽었거든요. 그때 미국의 초창기 청교도 예배

장소에는 긴 작대기에 권투 장갑을 끼워서 자는 사람을 뒤에서 깨우는 (웃음) 집사 역할이 있었어요.

조나단 에드워즈는 원고를 읽으면 집중해서 10분 이상 읽기가 어려워요. 그런데 그때는 2시간씩 했거든요. 17세기 영국이나 미국의 청교도는 의식 구조가 달랐나, 어떻게 2시간 동안 듣고 있을까. 근데 아니나 다를까 다 존 거예요. 근데 그 판을 깬 사람이 누구냐면 조지 휘필드인데 이 사람이 나타나서 즉흥 설교를 해요. 그 사람을 표현한 말이 '디바인 드라마티스트'예요. 하늘이 내린 배우예요. 이 양반은 즉흥적이고, 또 음성도 좋고 설교도 잘하니까 연극적 요소 때문에 헐리우드가 생기기 전에 엔터테이먼트를 휘필드 집회에서 봤다는 거죠. 그러니까 내용이 좋고 하지만 사실은 전달하는 능력이……. 또 하나 예를 들어 에드워즈 같은 경우는 성경을 주해해서 본문을 전해요. 근데 에드워즈 때 사람들이 '목사님 어디 계십니까' 물으면 '서재에 계십니다' 그래요. 하루 10시간씩 서재에 있었던 거죠. 심방을 해본 적이 없어요. 사람이 죽어야 심방 가고. 그러니까 에드워즈 설교는 굉장히 탁월한데 우리의 삶이 없어요. 그것이 오늘날에도 굉장히 좋은 설교

이지만, 사람들은 지금 서 있는 자리의 문제에 목사님이 답변해 주길 원하거든요. 교회를 통해서 존재의 의미라든가 삶의 방향을 듣고 싶은데, 사람들의 불만은 목사님 설교가 나랑 상관이 없다는 거예요. 목사님이 제시하는 해법이 우리 삶과 너무 동떨어져 있다는 거예요. 실제로 목회자들이 대부분 간접 경험을 하거나 삶과 동떨어져 있으니까 나름 머리를 쥐어짜고 책을 봐서 해법을 던지지만 땅에서 굴러가며 사는 사람들에게는 설교가 나이브하고 동떨어진 세상에 있다는 느낌을 받는 거죠.

권연경　　　　왜 그런 불만이 나올까요? 목회자가 말씀을 준비하는 과정에서 자신의 삶을 비껴가기는 쉽지 않거든요. 자기의 렌즈로 보게 될 테니까. 근데 많은 경우 자기를 배제하고 설교를 준비하는 거죠. 자신이 메시지와 연결되지 않은 상황, 그러니까 의도적으로 자기를 배제하니까 추상적일 수밖에 없고 폐쇄적인 거죠. 교인들도 삶과 연결할 고리가 없는 거예요. 의도적으로 설교를 그렇게 만들었기 때문에. 결국 설교 준비 과정부터 목회자가 자기 삶을 끌고 들어갈 수밖에 없는데 그게 철저하게 차단

된 상황에서는…….

전성민　　　　자기 삶을 끌고 들어가도, 소위 세상을 살아가는 삶이 아니라 전문 종교인의 삶이잖아요.

권연경　　　　그래도 정직하기만 하면…….

조석민　　　　인간의 본질적 삶은 차이는 있지만 거의 비슷하니까, 기본적인 삶에 대한 적용점을 이야기하면 어느 정도 소통 가능하죠.

김형원　　　　존 스토트가 말하듯 두 세계를 연결하는 게 설교라고 하니까, 그건 기본적으로 배우는데 문제는 성도들의 세계를 목회자들이 잘 몰라서 그럴 수도 있고, 또는 너무 잘 알아서 거기에 맞춰주는 방향으로 간다는 거예요. 성경을 정직하게 선포하면 성도들의 삶이 동떨어져 있다, 그러면 이 둘을 연결하려면 성경을 바꿀 거냐, 성도들의 삶을 바꾸도록 호소할 거냐? 제가 느끼는 건 사람이 많이 몰리는 교회에서는 메시지가 변질된다는 거예요. 성도들의 현실을 너무 잘 알아서 조금만 이끌어 오면 좋겠다고 생각해서 결국 변질시킬 수밖에 없다는. 근데 '나는 그래도 본문에 충실해야 돼', '하나님의 말씀을 그대로 전해야 돼'라고 생각하는 순간 교인들이 이제 부담스러워진다는. 직장에 가면 부정부패 있고 그거 거부하면 잘리는데 그럼 거기서 어떻게 하라는 얘기냐?

전성민   또 잘리는 거예요. (웃음)

김형원   지난번 얘기했던 대로 청부론이 그래서 나왔다고 생각해요. 성경에서 얘기하면 직장 등 현실에서 너무 멀거든. 근데 그거를 조금만 끌어 주자 그래서 청부론이 나왔다 생각하거든요. 그러니까 성도들의 삶이 성경에서 너무 멀어졌기 때문에 설교자들이 딜레마에 빠져 있다, 그러면 어떻게 해결해야 되나? 영국에서 로이드 존스 목사님이 설교했을 때 녹음기도 없었잖아요. 초기에는 그걸 받아 적어서 책이 나왔잖아요? 근데 상당수가 설교에 매료됐고 수천 명씩 참여를 했단 말이에요. 당시 교인들의 수준과 지금 한국 교회 수준이 다르고, 수용할 수 있는 능력에 분명히 차이가 있어요.

미국에서 대도시, 중소 도시 교회를 가봤는데 설교의 질에서 큰 차이를 못 느꼈어요. 지방 소도시 교회의 설교도 본문에 충실한 잘된 설교고 교인들의 나눔도 괜찮아요. 그걸 보고 느낀 게 한국 교회는 정말 멀었다는 거예요.

조석민   한국 교회도 중소 도시나 뭐 큰 차이 없습니다. (웃음) 저는 어느 교인이 주일에 나와서 설교를 들을 때 기대하는 것이 과연 무엇일까? 최소한 성경 본문의 의미는 풀어 주어야, 그런 점에서는 정보적이어야 한다, 교리적 설명도 가능하고 신학적 내용도 풀어 설명해 주는 것, 그래서 본문 내용을 해석하면서도 교훈적이어야 한다 생각합니다. 연역적으로 가야 한다고 생각하는데…….

한병선   저는 설교를 듣는 사람인데 이 설교를 계속 듣는다는 게 얼마나 고통인지 아마 상상도 못하실 거예요. 한 교회에서 1, 2년도 아니고 10년 넘게 같은 사람한테 매주 똑같은 설교를 듣는다는 게 얼마나 고통스러운지 상상을 못하실 것 같아요.

전성민   저도 비슷한 말씀을 드리고 싶었던 게, 사실 성도들 가운데는 정말 좋은 설교를 듣고 싶어 하고, 말씀 그대로 도전받기를 갈망하는 사람들이 생각보다 많다는 생각이 들어요.

한병선   네, 많아요. 왜 설교를 기대하지 않느냐면 설교에서 받을 게 더 이상 없거든요. 그러니까 큐티를 열심히 하고 나 혼자 책을 읽어요. 왜냐하면 설교에서 채워 주지 못해요. 목사님의 테두리 안에서 늘 같은 내용, 본문은 달라도 결론은 늘 같은 이런 설교를 계속 10년을……

배덕만   매일 그런 설교를 해야 되는 목사는 얼마나……. (웃음) 듣는 사람은 안 들으면 그만이에요. (웃음) 설교 시간에 우리 전도사님이 죽을 쑤고 있는데 집사람이 옆에서 성경을 읽더라고요. 안 들어오니까. 나한테 그러더라고요. 안 들어오니까 성경책 봤다. 당신은 좋겠다. (웃음) 설교하는 전도사는 미치고 환장하는 거예요.

한병선   저는 설교자들이 남의 설교를 많이 들어야 된다고 생각해요. 가장 좋은 건 한 달에 한두 번은 꼭 남이 설교할 수 있도록 기회를 주는 거죠. 목사가 설교를 들어야 돼요.

조석민   회중이 돼보는…….

한병선   회중이 돼보는 거죠. 그래야 그 고통을 알고…….

고상환   아니, 근데 어느 교회 다시니는…….
(웃음)

전성민   실제로 평신도 설교를 시킨 교회가 있었대요. 그런데 그 평신도 설교자가 너무 힘들어했다는 거죠. 목사님이, 봐라 설교는 아무나 하는 게 아니다. (웃음)

권연경   존 스토트 목사님 목회하시던 올소울스(All Souls) 처치가 있는데 평신도 설교자가 고정적으로 설교하거든요? 교인들이 그 평신도의 설교를 제일 좋아해요. 제가 잠깐 출석할 당시 변호사가 설교자였는데 그분 설교를 교인들이 제일 좋아했어요.

고상환   제가 다니는 교회는 한 달에 한 번씩 성도들이 설교를 하거든요. 저도 몇 번 해봤는데 양쪽의 교류에 도움이 되는 것 같아요. 저도 설교를 준비하면서 목회자들의 심정을 이해하는 거고, 목회자들도 설교를 들으면서 위기감을 느낀다는 거죠. 잘하면 위기감, 못하더라도 안도감. (웃음) '아, 내가 잘하는구나' 하는 위로감. 한 달에 한 번 정도 해보면 성도들이 성장한다는 느낌이 들거든요. 그래서 처음에는 한두 사람 하다가 지금은 한 번 설교하려면 1년을 기다려야 돼요.

한병선   다시 말하자면, 그럼 설교는 꼭 목사님만 해야 되나요?

조석민   그렇지 않죠. 지금 교단마다 헌법이 있어서 설교자가 고정되어 있죠, 대부분. 설교할 라이선스를 따야 되는 거죠. 라이선스가 없으면 못 합니다. 어디 가서 훔쳐 오던가 해야지.

전성민　　　　저 교회는 불법 설교를 계속……. (웃음)

고상환　　　　저희는 교단이 없습니다. (웃음)

조석민　　　　저는 평신도가 설교하는 것 전혀 거부하지 않고, 이미 예전부터 시켜 왔으니까……. 그런데 꽤 잘해요. 그 설교에 내가 은혜를 받아요. 설교할 만한 사람, 모든 사람이 저 사람은 설교를 할 만하다 하는 사람에게 설교 시간을 할애하는 것은 필요하다고 생각하는데, 아마 이런 얘기를 듣는 교단은 깜짝 놀랄 겁니다. 목사가 그 얘기를 하고 있으니까.

전성민　　　　하긴 여기 계신 분들은 평신도 설교는 특별히 반대라고 하시는 분들은 없지 않을까요?

배덕만　　　　평신도가 설교를 하느냐 안 하느냐도 그렇지만 설교를 제대로 할 수 있는 역량이 있느냐가 중요한 것 같아요. 목사지만 설교 역량이 없는 사람도 있고 평신도지만 목사보다 탁월하게 설교하는 분들 계시거든요. 신학을 한다고 설교를 잘하는 건 또 아닌 것 같아요.

가끔 영화배우들이 시상식 멘트할 때 감동받을 때가 있어요. 어떻게 저런 얘기를 하지. 이 사람들은 인생을 관조하는 능력이 탁월하니까, 설교를 시켜도 잘할 것 같아요. 무지무지 유식한데 입만 열면 다 재우는 사람들이 있거든요. 저는 설교할 능력과 자격이 제대로 구비되어 있느냐, 그렇다면 평신도면 어떻고 또 역으로 꼭 목사라고 네가 해야 되느냐는 것도 아닐 수 있겠다…….

조석민　　　　문제는 설교가 뭐냐 이거예요. 왜 내가 저 설교를 꼭 들어야 되느냐, 그 얘기 나왔잖아요.

권연경　　　　어떤 설교자들은 나는 선포하면 되고 그 뒤는 성령님이 알아서 하신다고 얘기하는 경우가 있거든요? 어떻게 보면 그보다 무책임한 소리가 없는 거예요. 선포의 핵심 개념 중 하나가 설득이거든요. 설득은 논리 작용인데 단순한 이성적 사고 수준이 아니라 성경 텍스트의 베이스에서 출발하는 설득일 텐데. 목사님이 한글 성경을 읽고 열심히 준비를 한 거예요, 그러면 교인들은 집에서 영어 성경도 읽고 다 읽고 왔어.

전성민   히브리어 읽는 분도 계세요.

권연경   그런 상황에서 설교가 이루어지는데 교인들은 텍스트 읽으면서 설득이 안 되는 거예요. 그걸 선포라는 이름으로 자꾸 호도하고 넘어간다는 말이죠. 사도 바울도 칭찬한 교회가 소위 베뢰아 교회인데…… '저게 지금 진짜인가?' 하면서 성경을 더 열심히 뒤져봤다 그랬거든요. 그게 설교를 잘 듣는 거죠. 오늘 설교들이 목청 높인 독백 아니면 엔터테인먼트를 넘어서 교인들을 성경 논리로 설득할 수 있는 준비, 그게 관건인 것 같아요.

전성민   그게 안 된다는 거잖아요.

권연경   아까 배 교수님 얘기한 것은 평신도 설교자도 필요하지만 설교 안 하는 목사도 필요한 것 아니냐…….

조석민   문제는 목사가 되면 다 설교하려고 하잖아요.

전성민   설교하고 싶어서 목사가 되죠.

김근주   그런 경우는 느헤미야의 목회자 과정을 좀 들어오면……. (웃음)

고상환   깔때기. 느헤미야 깔때기.

김근주   제가 전에 있던 학교에서도 느헤미야와 유사한 것을 운영했었습니다만 그 과정에 다니던 목사님이 있었고 그 목사님 교회 교인이 또 입학을 했는데 그분이 하시는 말씀이 이분이 과정을 배우시더니 설교가 바뀌었다고 이야기해요.

전성민   그 말씀이 맞는 게, 신학 교육을 통해서 설교자를 세우고 목회자를 준비한다고 하지만 신학교 커리큘럼을 보면 성경을 스스로 연구하고 설득시키는 능력을 배양하는 데 별로 관심이나 비중이 없죠.

권연경   설교자가 텍스트 자체의 논리에 관심이 없었던 거죠. 본문의 논리를 내가 찾아야 되겠다는 열정이 없으니까 본문은 대충 읽고 하고 싶은 소리하니까 안 되죠.

김근주   아까 그 학교의 최대 강점이 본문을 잘 들여다보자, 그러면 설교가 바뀌어요. 근데 설교자들이 그것조차 안 되는 거고. 가령 성도님들이 설교할 때 은혜가 되는 게 그런 게 있는 것 같아요. 비교역자들도 신학 교육을 받아서 본문을 책임 있게 연관시켜 보는 능력이 필요하다 생각했었는데 이건 결국 성도님들이 설교할 기회를 결국 제한하는 것 같아요. 근데 제대로 된 신학 교육이 없다 할지라도 그냥 한 구절을 생각하다가 은혜 받은 것, 큐티 나눔이라고 하더라도 그게 은혜가 될 때가 있는데, 왜냐면 우리가 잘 못 보는 부분을 발견한다는 거죠. 본문에서 뭔가 나오는 게 있다는 거고. 그 정도만 되면 평신도 성도들이 더더욱 설교를 할 필요가 있겠다 싶어요.

김형원   기본적인 것에 동의하는데 자칫 잘못

하면 돌고 도는 얘기가 돼요. 본문을 읽고 자기 상상의 나래를 펴는 목회자들의 설교와 똑같아질 가능성이 있어요. 그러니까 처음에는 신선하고, 또 현실에 발을 붙이고 있으니까 굉장히 설득력 있게 다가오는데 텍스트의 문제로 들어가면 또 다른 얘기가 될 수 있다는 얘기예요. 그러니까 조심스러울 수밖에 없는 거죠.

김근주　　비교역자 성도들이 설교를 하다 보면 교회가 자연스럽게 가지는 합의가 '아, 본문 보는 게 한 가지가 아니구나'가 되고 해석의 다양성이 절로 학습되는 점, 그러면 교역자도 비교역자 성도의 설교에 대해 한마디하게 되고 그러면 성도도 다음에 목사님이 설교할 때 '아, 달리 볼 수도 있을 텐데' 이런 해석의 다양성이 공동체 내에 퍼져 나가면 큰 성과이지 않을까 싶어요.

전성민　　해석의 다양성뿐만 아니라, 제가 놀랐던 경험 하나는 어떤 교회에서 설교 후에 질문을 하는 거예요. 근데 다른 교회에서 또 그래요. 요즘은 작은 교회일수록 설교에 대해 질문하는구나 경험을 하면서 다시 생각하기도 했는데 저도 성도님들께 제가 미처 설득하지 못했던 부분을 설명할 수도 있고…….

조석민   우리 교회는 설교가 끝나고 나면 바로 질문을 하거든요.

권연경   설교를 어떻게 했길래. (웃음)

조석민   설교 끝난 후에 질문하게 할 수 있느냐, 이게 되면 설교가 많이 달라지지 않을까 기대합니다.

전성민   설교가 하나님 말씀의 선포다, 일방적이고 절대적 권위다 하면 질문은 하면 안 되는 거죠.

조석민   설교가 하나님 말씀 아니죠.

권연경   선지서에서도 우리가 따져 보자 그러지 않습니까? 근데 따지는 것 잘못 시작했다가 은혜 받아 버리잖아요. 그러니까 따져 보는 게 결국 효과적인 선포의 방식이 될 수밖에 없는 거거든. 메시지의 힘 자체가 사람을 설득할 건데 그걸 신뢰하면 선포한다고 폼 잡을 게 아니라 다양한 방식으로 전달하는 역할에 충실할 수 있을 것 같아요.

조석민   전달하고 해석하는 역할과 본문을 설명해 주는 기능의 역할을 하는 것뿐이지 다양한 방법, 다양한 내용, 이런 가능성들을 열어 놓지 않으면 독단적이 되고 나중에 본인이 하나님 되는 거죠.

김동춘   설교에 있어서 선포적 기능이 있죠. 선포와 변증적 기능, 그러니까 토론하는 기능도 있잖아요. 내가 전하는 설교가 곧 하나님 말씀은 아니지만 성령에 의지해서 선포하는 거죠. 근데 거기에 오류는 있다고 생각해요. 그러니까 설교가 하나님 말씀은 아니지만 전달자의 입장에서 나는 선포를 한다고 봐요.

조석민   선포라는 말 자체가 신적 권위를 암시하는 모습이 있거든요. 성언 전달 사역?

전성민   운반 사역.

조석민   자기 자신도 그 말씀 앞에 복종해야 할 대상자라는 것을 생각한다면 겸손히 말씀을 전달하는 정도여야 되지 않을까.

권연경   경우에 따라서 선포가 될 수도, 논증이 될 수도 있는데 형태가 본질은 아니라고 생각해요. 고린도교회에서, 그 당시의 설교자, 웅변가의 주된 목표는 자기 존재감을 드러내는 것이거든요. 바울이 고린도 교인들에게 하는 얘기는 존재감을 드러내는 방식이 아니라 투명하게 복음을 전했다, 그래서 십자가의 메시지가 헛되지 않도록 했고 십자가의 메시지를 통해서 하나님의 능력이 역사하는 게 내 의도였다, 이렇게 얘기한다는 말이죠. 선포가 때로는 필요할 것이고 설득도 필요할 텐데 설교자의 존재를 부각시키는 선포가 아니라, 내적 논리를 갖춘 선포라면, 때로는 야단치거나 혹은 메시지를 분명하게 제시하는 형태를 띠는 건 문제가 없다고 생각해요.

조석민   전달 방법으로서 선포라고 한다면 어

느 정도 동의할 수 있지만, 그래도 오늘날에 그런 부분은 굉장히 조심스럽다고…….

김동춘   설교가 말씀 선포의 의미가 없다면 강단에서 설교하는 행위 자체가 무용할 수 있죠. 성경 공부 하고 토론하면 되니까.

한병선   지금 설교는 복음, 십자가의 도, 보혈 등을 얘기하지 않잖아요. 대부분 자기계발, 성공 사례 얘기를 하는데…….

김동춘   그렇다고 해서 설교의 기능이 갖는 한 측면을 우리가 부정할 수는 없잖아요.

조석민   성경 본문 몇 절을 읽어 놓고 해석이 없는 설교는 설교가 아니라고 생각돼요. 일단 본문의 의미를 밝혀 내고 그 이후에 어떻게 현실에 적용할 것인가 이 부분이 있을 때 설교가 최소한의 기능을 한다고 봅니다. 근데 대부분 기복, 성공주의로 흘러가 버리고, 본문 따로 내용 따로, 감정만 자극시키는 정도에서 끝나니까 듣기가 힘들어지는 것 아닐까 합니다.

한병선   아까 어떤 분이 말씀하신 것 같은데 신앙생활에서 설교가 차지하는 비중이 많이 줄었어요. 설교를 통해서 치유를 받고 싶은데 다른 얘기를 하시니까 한두 번, 한 해 두 해도 아니고 미치는 거예요.

조석민   그 교회는 왜 계속 다니셨어요?

한병선   그게 해소가 안 되니까 지금은 인터넷으로 다른 설교를 듣고, 아니면 서적을 통해서 부족한 부분을 채우거든요. 교인도 문제지만 목사님도 상호 작용을 하는 것 같아요. 목사님 쪽에서는 교인이 원하는 설교를 계속 해주고, 교인들은 설교가 익숙해지니까 길들여지는 것 같아. 저희 집에서 금 아무개 교회가 가까운데 그 사람들은 너무 좋다는 거예요. 이게 어떻게 서로 주거니 받거니 되나 딜레마에 빠져 있었는데 그럼에도 내가 목사님에게 기대하는 바가 있어요. 교회에서 프로그램으로 채워졌으면 안 왔을 텐데, 청어람 다니다가 안 채워지니까 여기까지 오고. (웃음)

김형원   헤어날 수가 없어. '늪'헤미야이기 때문에.

배덕만   왜 목사님들의 설교가 발전하지 못하고 동어반복에 머무르는가. 정직하게 목회 구조를 들여다보면 이 구조에서는 생산적인 설교가 나올 수 없어요. 조나단 에드워즈는 일주일에 설교를 한 번 했어요. 하루 열 시간씩 두 시간짜리 설교 원문을 만들어내는데 거기 올인을 한 거예요. 그래서 한 편 한 편이 미국 문학사에 기념비적 작품이 된 거예요. 그런데 우리나라 목사님들은 일주일에 거의 스무 편 가까운 설교들, 게다가 새벽기도 가야죠, 구역예배 가야죠, 돌잔치 가서 설교를 하는데 제가 한 번 여쭤봤어요. 목사님 대체 언제 설교 준비 하세요? 제 친구가 영등포에 있는 꽤 큰 교회 합동측 부목이었는데, 그 친구가 기획실에 있는데 목사님 설교 원고를 써주는 거예요. 근데 미치고 환장하는 것은 목사님이 가끔 고치는데 문맥과 상관없이 고친다는 거예요.

전성민   설교 기획실이 많이 있죠, 큰 교회들은.

배덕만   작가가 대본을 써주고 탁월한 연기자가 보여 주는 거예요. 그나마 기획실에 똑똑한 애를 데려다가 놓을 수 있으면 그렇지만 그 외에는 정말 날아오는 타구를 피하기도 급급하다는 거죠. 설교를 일주일에 한 편 두 편 이상 하는 상태에서 홈런을 기대하는 건 무리다. 양질의 설교를 원하면 앉아서 설교를 준비할 수 있도록 해줘야 되는데 목사님께 다 요구하면서 시간을 배려하는 사람들은…….

권연경   100퍼센트 동의. 저는 부목사로 3년 목회한 게 전부인데 새벽기도를 하잖아요? 담임 목사님과 한 주씩 번갈아 했는데, 수요일도 해야 되고 영아부도 해야 되니까 많아지죠. 근데 제한된 시간 안에서 비슷한 본문을 하다 보면 나름 훈련되는 면은 있어요. 근데 제 생각에 구조적으로 시간이 모자라는 문제도 있지만, 신학을 하는 사람들의 자질이 더 문제가 된다고 해야 솔직한 얘기가 아닐까.
제가 가르치는 학생 중에도 이 친구가 설교를 잘할 수 있을 거라 확신이 드는 경우는 많지 않거든요. 설교가 텍스트를 분석, 해석하는 작업도 필요하고 사회를 분석하는 눈도 필요한데 그건 그냥 생기는 게 아니잖아요. 그런데 신학을 하겠다고 오는 사람들은 꿈만 꾸면 오잖아. 결국은 폼, 흉내만 배우는 거예요, 내용을 배우는 게 아니라. 그러니까 설교 횟수가 많아질수록 이상한 설교가 나올 수밖에 없는 거죠. 아무나 신학교에 가서 라이선스를 따는 구조가 해결되지 않으면 이런 불만은 안 없어진다……

김동춘　　　설교자가 성경 본문만 들이판다고 해서 해결되지 않는다고 봐요. 인문학적 소양이 있어야 됩니다. 인간, 사회를 바라보는 시각, 과학적 사고방식. 성경 주해 훈련은 절대적으로 필요하고 인문학적 훈련은 현대 사회에 더더욱 필요합니다.

조석민　　　절대적으로 동감합니다. 학생들이 신학교 3년 동안에 신학만 배우거든요. 그래서 신입생 오리엔테이션 때마다 말하는 것이 '신학만 배우고 성경 모르는 사람 되지 마라'. 또 에스라에는 성경을 배우러 와요. 성경만 배우고 세상을 모르면 접점이 없어지니까 인문학적 소양, 사회 분석력을 갖춰야 하는데 학생 선발 과정부터 구조적으로 해결되지 않으면 어려운 일이 아닐까요.

전성민　　　아까 선포 이야기를 하셨는데 그 의미가 구약에서 선지자가 하나님의 말씀을 직접 받아 전하는 그런 기능인지, 선포라는 것에서 설교는 무엇인지 좀 구체적으로…….

김동춘　　　저는 설교자로서 갖춰야 될 덕목 등을 습득할 때 제일 감화력을 줬던 책이 스펄전의 《목회자 후보생들에게》예요. 이번에 김회권 목사님이 같은 제목의 책을 썼더라고요. 그다음이 로이드 존스 목사가 쓴 《설교와 설교자》, 그다음에 존 스토트 신부가 쓴 설교 관련 책. 이런 것들이 저한테 자양분이 되었다고 생각해요. 설교자로서 내가 꿈꾸는 바람이 있다면 인간의 말이 아니라 하나님의 말씀을 들고 성령 안에서 전달한다, 또 그래야 설교자라고 생각해요. 그런 의미에서 선포가 있다고 생각한 거죠. 권위적, 독단적, 무조건 내지르는 의미가 아니라 원론적으로 설교에 그런 측면이 있어야 교회 안에서 설교라는 기능이 존재하지 않을까. 그게 없다면 설교는 없어도 되잖아요. 드라마로 연출한다든가, 강좌로 대체할 수도 있고. 왜냐면 설교만큼 따분한 시간이 없잖아요. 한 사람의 말을 들어줘야 한다는 게 얼마나 고통스럽습니까. 그런 준비를 가지고 말씀을 전하는 행위가 있어야 한다고 생각해요.

고상환　　　　또 한 가지, 평신도가 설교를 할 수 있느냐, 교단에 따라 달라지느냐는 웃기다고 생각합니다. 왜냐하면 주일학교 예배에서는 평신도들이 설교를 많이 합니다. 부교역자들이 할 수 없는 형편인 주일학교는 대다수가 그렇습니다. 장로, 집사, 교사들이 설교를 하죠. 이런 현실에서 감독권, 평신도 설교 이야기는 모순되지 않나 생각하고, 주일학교 예배에서 평신도 설교자를 세우려면 설교 훈련을 시켜야 하는데 목회자들이 직접 듣고 평가하고 조언하는 기능이 전혀 없고…… 2.0 시대를 넘어서 3.0, 4.0 시대라고 하는데 중앙집권적, 중앙 중심적 사회는 지나간 시대인데, 설교자와의 소통이 너무 없기 때문에 성도들이 어떻게 듣고 있는지 거의 모른다고 생각합니다.

권연경   피드백이 필요하다는 말씀이시죠?

고상환   주거니 받거니 하는 것이 설교의 기본 아닌가 싶은데, 70퍼센트가 설교자의 설교를 찬성한다고 하는데 그럼 30퍼센트는 어떤 사람들입니까.

일동   (웃음)

고상환   이해하고 따라갈 수 있는 사람들은 괜찮습니다. 그러나 가슴에 큰 멍울을 안고 있는 30퍼센트는 피드백이 없어서 회개를 못해요. 인터넷 방송으로 해결 안 됩니다.

한병선   듣는 사람으로서 저도 고민이었거든요. 첫 번째 해결책은 좋은 설교를 찾아나서는 거였어요. 좋은 설교를 들으면서 신앙 고민이 해결되고 이해되더라고요. 그런데 그렇게 좋은 설교만 들으면 뭐하나 그런 생각이 들었어요. 이 설교자와 나는 어떤 관계가 있는 거지? 그런 생각이 드는 거예요. 얼굴도 마주칠 수 없고, 질문도 할 수 없고 내 이야기도 할 수 없는 관계성의 결핍을 보았고, 하나님의 말씀을 듣는다는 것은 그분의 능력과 권위와 권능을 맛보는 것인데, 이것은 관계가 없는 상태에서는 만날 수 없겠구나 생각이 들면서 목사님의 설교가 부족하다는 말씀을 드리기는 그렇지만 하여간 목사님과의 관계성을 통해서 삶의 능력이 드러나는 측면이 있겠구나 하면서 설교를 이해하게 되더라고요. 그런데 말씀을 선포하는 분의 삶이 정말 말씀처럼 능력 있게 사는 것이냐를 확인할 때 "이렇게 살면 안 되는구나" 하면서 제 삶에 변화가 생기더라고요.

제가 오늘 드린 예배가 목사님이 하신 설교를 통해서 남다른 하나님의 능력이 드러나는 현장이었는데 그동안 고민했던 지식적 부분이 해결되고. 목사님과의 관계를 어느 정도 형성한 상황에서 말씀을 듣고 저분이 말씀대로 살고 계시는구나 간접적으로 확인하게 되는데, 이게 정말 설교의 능력이구나 느끼게 됐거든요.

하나님을 전하는 지식과 전하는 그분이 나와 어떤 관계성을 유지하면서 지속적으로 메시지를 전할 것인가, 하나님의 말씀을 전하면서 능력이 드러나 보이는구나, 그의 삶을 통해서. 그래서 지금까지 신앙생활 해오면서 이 세 가지 결론을 갖게 되었던 거죠.

권연경 　　　굉장히 중요한 이야기를 하신 것 같은데요. 제가 바울 서신을 강의하는데, 바울의 설교를 한마디로 하면 뭐냐. "나처럼 해라." 좀 멋있게 표현하면 "내가 그리스도를 본받은 자 됨과 같이 너희도 나를 본받는 자가 되라." 이게 바울이 편지에서 일관되게 하는 얘기 중에 하나예요. 바울이 복음을 투명하게 전한다고 말할 때 복음의 메시지와 자기 삶이 주파수가 맞는것이 투명함이죠. 복음을 소유하는 입장이 아니라 자기 삶을 통해서 전달할 수 있을 만큼 삶이 복음과 일치하는 거죠. 바울이 그걸 가장 신경 썼던 거고, 저도 마음속에 가장 큰 물음이 뭐냐면 설교하는 입장에서 당당함이랄까요, 그걸 어떻게 유지할 수 있겠는가입니다.

전성민 　　　오늘 긴 시간 이야기를 많이 해서요. 더 진행하기는 힘들고 마지막으로 한 말씀씩 하면서 정리하면 좋겠습니다.

조석민 　　　시·공간적으로 함께 있지 않으면 설교의 의미가 삭감된다고 생각합니다. 설교자의 수준이 성도들의 수준이 되고, 성도들의 수준이 설교자의 수준이 되지 않는가 생각합니다.

배덕만   찬물을 끼얹는 이야기일 수 있겠는데요. 얘기를 들으면서 퀘이커 교도가 생각이 났어요. 설교를 거부해 버린 거죠. 설교도 교권주의의 산물이고 하나님의 음성을 듣는 통로를 설교자가 독점한다, 우리 모두에게 하나님과 접할 수 있는 성령의 임재 가능성이 있고 하나님께서 우리에게 말씀하신다, 그래서 목회자 없이 하나님의 음성을 듣겠다 하는. 그런 사람들이 신앙생활을 잘하고 있다면 과연 설교가 하나님의 뜻을 전하는 유일한 통로라고 계속 붙들어야 할까. 지금처럼 수많은 문제가 있고 전하는 자나 듣는 자나 모두 힘든데…….

고상환   저는 설교자의 진정성이 중요하다고 생각하고요. 성도 입장에서도 진정성이 묻어나는 설교가 좋은 설교라는 생각이 들거든요.

김동춘   교회가 위기이고 설교가 문제라 해서 한꺼번에 뒤집어지지는 않을 것 같아요. 저는 전통교회에

주목을 하는데, 설교에 위기가 있다면 설교 자체를 새롭게 하는 대안이 마련되어야 한다고 생각합니다.

김형원　　설교의 문제는 한국 교회 전체의 문제에서 나오고, 설교만 잘된다고 다 잘되는 것도 아니고 한국 교회 전체에서 같이 가는 거기 때문에, 아무리 설교를 가지고 개혁한다고 해도 다 된다고 생각하지는 않아요.

김근주　　김형원 목사님 말씀에 전적으로 동의합니다. 목사나 교인들이나 설교에 대한 환상과 착각에서 다 깨어나자, 누군가가 설교하면 맞냐 틀리냐 얼마든지 따질 수 있고, 동의할 수 있고, 거절할 수 있고, 누구든 시도해 보면 좋겠다 싶어요. 우리가 모두 바뀔 때까지.

새벽기도

청평에서 서울까지

본 방송은 2012년 10월 11일 아이튠즈 팟캐스트에 업로드된 내용입니다.

김근주   자~ 모두들 안녕하셨습니까. 오랜만에 느헤미야 에고에이미 시간이 돌아왔습니다.

일동   우와~ 오~

김근주   그동안 다들 잘 지내셨습니까? 오늘 우리가 다루고 싶은 주제는 새벽기도. 재미있을까요? 새벽기도, 여기 오늘 계신 분들 가운데 새벽기도를 다들 하시는지 모르겠습니다. 이 방송을 듣는 청취자들은 새벽기도를 다들 하시는지 모르겠습니다. 새벽기도, 이거 우리 한 번 오늘 이야기 다뤄 보겠습니다. 우리 먼저 돌아가면서 그래도 목소리 확인을 위해서 간단히 소개하겠습니다. 오늘 사회를 맡고 있는 김근주 입니다.

권연경   권연경입니다.

조석민   조석민입니다.

배덕만   배덕만입니다.

김형원   김형원입니다.

고상환   고상환입니다.

한병선   예, 피디 한병선입니다.

김근주   예 좋습니다. 우리 잘 모였습니다. 그럼
우리 이 주제에 대해서 먼저 조석민 교수님의 간단한 이
야기를 먼저 들어 보도록 하겠습니다.

조석민   예, 새벽기도하면, 이 새벽기도에 대해
서는 긍정도 부정도 하기 어려운 우리의 상황이다, 저는
그렇게 생각을 합니다. 한국에서만 볼 수 있는 독특한 기
도회의 모습인데, 물론 외국에도 종교인들이 새벽에 일어
나서 조용한 시간에 기도를 하고 하는 일들을 볼 수는 있
는데 우리나라에서처럼 많은 사람이 한꺼번에 집단
적으로 같은 시간에 나와서 새벽마다 기도를
하고 있는 것은 매우 특이한 일이라 이렇게 생각을 합
니다.
새벽기도가 우리 나라에서 언제부터 시작되었을까? 그

걸 확인해 보면 대부분 다 우리 나라의 초대교회의 부흥 운동, 1907년. 1906년 길선주 장로에 의해서 시작된 새벽기도회가 1907년에 그의 제의에 따라서 당회에서 결정을 하고 새벽마다 예배를 드린다, 그리고 그때 기도회를 연다. 이게 아마 효시가 아닌가 생각을 합니다.

그리고 이 새벽기도에 대해서 《새벽기도의 신학》이라고 책을 쓰신 분이 계신데 박아론 박사가 예전에 그런 책을 하나 썼습니다. 근데 새벽기도가 이미 시작되고 그것을 어떻게 신학화할 수 있을까? 제가 볼 때는 억지스러운 이런 부분도 상당히 많다 생각을 합니다.

특별히 마가복음 1장 35절에 있는 구절을 특별히 많이 내세우면서 예를 들면, 새벽 아직도 밝기 전에 예수께서 일어나 나아가 한적한 곳에 가사 거기서 기도하시더니. 새벽기도의 발원은 예수님이다, 이때 예수님이 새벽에 기도를 했다, 이것을 가지고 새벽기도회의 기원으로 삼고 있는데 과연 그럴까. 문맥에서 보면 전혀 우리나라의 새벽기도의 상황하고는 다른 부분이라 이렇게 생각을 합니다.

특별히 문제가 되는 것은 새벽기도를 강요하고 있는 듯한 교회의 모습, 직분을 세울 때 새벽기도를 반드시 출석하는 것을 전제로 삼는 것, 그리고 기도 시간을 새벽이라고 하는 특정한 시간에 꼭 맞추어 놓는 것, 이런 것들은 좀 우리가 앞으로 고려해야 되지 않을까.

특별히 농경 사회를 거쳐 산업사회에서 오늘 같이 이렇게 첨단 문화 사회로 들어왔을 때에 현재 직장인들이 과연 새벽 4시 반에 일어나서 기도를 드리고 직장생활을 과연 얼마나 할 수 있을지. 이런 부분들이 생각이 되어져서 어떻게 하면 우리가 새벽기도도 그렇지만 경건생활을 잘할 수 있을지 이런 부분에 대해서 최소 한 번쯤은 우리가 짚고 넘어가야 되지 않을까. 그래서 이 새벽기도회에 대해서 논의할 필요가 있겠다 그렇게 생각을 합니다.

김근주   예, 새벽기도에 대해서 간략한 말씀을 들었습니다. 우리 자유롭게 일단 이야기를 해보아야 될 것 같습니다. 일단 우리 먼저 개인적으로 새벽기도를 하신 경험이라던지 느낀 것들을 간단하게 나누는 것으로 한번 시작을 해볼까요? 우리 이 가운데 오늘 모이신 분들 가운데 가장 새벽기도를 안 할 것처럼 생기신 분부터 이야기를 여쭐까 싶습니다.

김형원   권 교수님? (웃음)

김근주   그렇게 보이나요?

권연경   잘 보셨습니다. 안 하는 입장에서 뭐
큰 소리 칠 수는 없고, 그렇죠? 했던 게, 미국에서 목회할
때 새벽기도 한 건데, 목회할 때 부교역자가 새벽기도하는
것은 자발적으로 한다기 보다는 사실 해야 되니까…….

김근주   부교역자로 하신 건가요?

권연경   담임 목사님이 절반을 하고 제가 절반
을 하고 그런 거였는데, 물론 절반을 한다는 얘기는 설교
를 절반을 하고 출석이야 매일 하는 거지만. 사실 워낙에
시간 리듬이 거꾸로 되어 있던 사람이라 소위 올빼미형이
라서 늦게 자고 늦게 일어나는데, 새벽기도를 한다고 해도
아주 일찍 자게 되지는 않아요. 결국은 잠자는 시간이 많
이 주는 거죠 결과적으로.

김근주   몇 시에 했던가요 그때는?

권연경	그렇게 일찍은 아니었어요. 6시.
김근주	아마 미국이니까 그럴 것 같아요.
김형원	미국에서는 거의 6시에……
배덕만	새벽에 일어나야 새벽기도 아닌가?
고상환	오전기도.

권연경　　　그렇게 했었는데 그렇다고 사실 오랫동안 길들여진 리듬 자체가 바뀌지는 않고 어쨌든 시간에 맞춰서 하기는 하는데 글쎄 새벽기도하면서 제일 많이 느꼈던 것은 목사님 설교를 가서 듣기도 하고 내가 사흘은 설교를 하고 그러지만, 새벽기도라기보다는 새벽예배. 새벽에 같이 모여서 예배하는 의미가 더 컸던 것 같고, 하는 입장에서는 새벽에 새벽기도가 아니라 새벽예배가 되는 느낌. 기도를 나중에 하긴 하는데 그 시간이 상대적으로 짧아요. 설교를 조금 길게 해주기를 원하고 그러니까, 그런 것을 생각하면서, 설교를 아

주 짧게 하고 기도를 길게 하면 좋을 것 같은데 하는 생각을 제일 많이 했던 것 같고 그렇습니다. 그리고 한국에 들어와서는 사실 전 새벽기도를 안 한 셈이니까 원래 리듬에 맞춰서…….

김근주   가령 교수님한테 새벽기도 좀 하시죠라는 압력들은, 한국에 와서 은연중에 압력들은 없던가요?

권연경   없었어요.

김근주   혹시 둔감하셨던 것은?

권연경   아마도. (웃음)

고상환   고신 측인데 그죠?

김형원   별로 경건하지 않은…….

김근주   고신이 새벽기도를 강조하지 않나요 혹시? 그런 거 있나요?

권연경	저 군이 교단 소속도 아니잖아요. (웃음)
김근주	소속 불분명도 아니고.
권연경	의무감이 없는 거지.
배덕만	역으로 저는 그런 경우 있었어요. 제가

교회 개척하고 나서 3년 정도 새벽기도를 매일 했었는데 교수가 새벽기도를 한다는 것이 굉장한 프리미엄으로 사람들한테 받아들여지는 것을 보면서 굉장히 이상하게 생각하기도 하고 충격을 받는, 어디 교수가 새벽기도를 하나 그거를 굉장히 대견스럽게 반응하는 것을 보면서 사람들 생각에는 교수들은 새벽기도 안 하는 사람, 하면은 이상한 사람, 아니면 굉장히 특이한 사람, 이게 한국 사람들 머릿속에 있는 것이고 어떻게 보면 당연히 교수들이나 목사들은 새벽기도해야 되는데 안 하는 것에 대한 불만이라든가 비하가 있는데 상대를 그런 문화에서 예외적으로 하니까 오히려 그것이 굉장히 특이하고 영적인 특권이나 훈장을 달아 준 것 같은, 이런 게 한국의 지배적인 문화…….

김근주   목사님들은 교수님들이 새벽기도 안 하기를 원해요. 그래야지 좀 밑으로 볼 수 있으니까.

고상환   그렇죠.

김근주   나는 기도하는 사람이고 댁은 공부하는 사람이고, 근데 공부는 아무래도 기도의 영적인 거보다는 좀 못하고, 어쩌면 사회가 원하기도 한다 싶기도 해요. (웃음)

조석민   새벽기도를 열심히 하는 목사여야, 소위 말하는 영빨이 세서 다른 사람들이 함부로 이제……

김근주   그런데 교수가 영빨까지 가지면?

김형원   그러면 안 되니까.

김근주   배 교수님은 그러면 개척하시면서 굳이 하시는 까닭은?

배덕만   저도 전에는 새벽기도를 못했고 새벽기
도를 못하는 것이 제가 자란 성결교회에서 굉장한 열등감
이어서 한 거죠. 목사가 되었는데 새벽기도를 안 나온 것
에 대해서.

김근주   분위기가 있는 거다?

배덕만   그게 저한테는 늘 원죄의식 같이 있었
거든요. 목사 됨에도 불구하고 새벽기도 못 간다. 근데 저
도 우리 권 교수님처럼 우리 대부분이 밤늦게까지 공부하
고 겨우 잠들기 때문에 4시 반에 죽어도 못 일어나죠.
제가 목회를 한 게 자의반 타의반으로 개척을 했을 때 적
어도 내가 담임 목사라는 정체성을 어떻게 유지할 것인가
그중에 하나가 새벽기도라도 해야 되지 않겠느냐 하는 거
였죠. 심방이라든가 다른 부분에서는 현격하게 구조적으
로 담임 목사님처럼 할 수 없었기 때문에 다른 사람들보다
는 저 스스로 목회하는, 담임 목사라고 하는 정체성
을 새벽기도를 하는 것으로 지켜야겠다고 생각
을 했어요.

김근주　　　　　그게 적절한가요, 근데? 새벽기도로 정체성을 찾으려는 게?

배덕만　　　　　개인적으로 저는 그렇게 했던 것이고 그게 저한테는 굉장히 중요한 경험이었어요. 무지무지 힘들었거든요, 오후 한 2시 정도 되면 거의 기절해서 쓰러져서 제 연구실 오는 사람들이 보니 제가 늘 맞이 가 있고. 그런데도 개인적으로 저도 그 영향 때문에 그런지 모르지만 새벽기도에 가면서 내가 비로소 목사가 되었다는 느낌도 좀 들었고, 하나님과 인격적인 관계가 이렇게 깊어지는 것이 결국 이런 희생과 노력이구나, 하기를 잘했다는 생각을 했어요. 그러나 육체적으로는 굉장히 힘들었던 것을 기억해요.

고상환　　　　　성도들 입장에서 보면 저는 목사 안 되는 이유 중에 제일 중요한 게 그거였거든요. 새벽기도 못하겠다. 사실은 새벽기도를 목회자가 하는 걸로 당연히 여기고 이걸 안 하면 안 되는데 도저히 자신 없어서 솔직히 목사 될 때 제일 방해 조건이 새벽기도였어요.

김형원   그런 사람들 많죠.

고상환   그게 많아요. 근데 성도들도 목사들이 새벽기도 안 한다 그러면 뭔가 부족해 보이고 날라리 같다는 생각 하거든요. 이게 한국 교회의 대체적인 풍토여서 이것이 바뀌기까지는…….

김형원   새벽기도를 안 하면 기도를 안 하는 사람, 이렇게 결론을 냈죠. 새벽기도가 기도의 전체가 돼버린 거예요.

한병선   제가 새벽예배를 다녔어요. 안 다니게 생겼는데 다녔거든요.

김근주   다니시게 생겼어요.

고상환   새벽 법당 다니신 분 같아요.

한병선   새벽에 기도하는 이유는 사실은 말씀을 들으러 가지는 않아요. 말씀은 안 하셨음 좋겠어. 될 수 있으면 목사님들이 말씀 안 하시고 기도회만 인도하시는 게 저는 좋아요. 왜냐면 좀 맞지 않는 얘기를 아침부터 듣는다는 건 괴로운. (웃음)

그런데 은근히 설교 안 하시면 좋겠는데 그래도 꼭 설교를 하세요. 그 정체성 때문에. 그래서 듣게 되는데 저는 그 이후에 기도하는 시간이 굉장히 길어요. 제가 가질 수 있는 가장 고귀한 시간이 그 시간이거든요. 하나님과 교통하고 위로받고 회개하고 해결받고. 이런 모든 게 그 한 시간에 다 이뤄지는데 저희 부목사님이 안 오세요. 자기 담당하는 때만 새벽기도 오시고 평소에 안 오세요. 사실 이 부분에 대해서 저는 평가를 하게 돼요. 새벽기도도 안 나오는 목회자.

고상환   불성실하다?

한병선   그분이 만약에 평소에 진짜 자기가 목회자라는 정체성이 있다면 기도하러 와야 된다고 생각해요. 왜냐하면 기도하지 않고는 사역을 어떻게 합니까? 저는 그렇게 생각해요. 기도하지 않고 어떻게 사역합니까?

조석민　　　　삶이 기도인데. (웃음) 말만 하면 기도
가 아니라.

한병선　　　　이것만 갖고 평가하지는 않아요. 평소
의 모습을 다 갖고 평가를 하는데 기도도 안 하는 목회자
로 저는 낙인찍었어요.

권연경　　　　삶의 기도가 없는 거지, 그러니까.

조석민　　　　예를 들면 두 분을 보게 돼요. 이 사람
은 소위 말하는 방언 기도도 막 떠들면서 기도하고 두세
시간씩 기도를 해요. 근데 교회에서 '식사 당번 해' 하면
계속 안 해요.

한병선　　　　그거 잘못된 거지.

조석민　　　　근데 '목사님 저는 기도를 잘 못해요'
하는 사람은 몸으로 헌신하는 거 자기가 할 수 있는 거
다 몸으로 해요. 그래서 제가 위로했어요. '집사님은 몸
으로 지금 기도드리고 있는 겁니다. 그게 몸으

로 하는 기도입니다. 기도는 생활이고 삶이 기도입니다.' 이분이 활짝 폈어요, 얼굴이.

한병선   그게 아니라 이분은 되게 뺀질거리는 부목이었어요. (웃음) 정말 이 사람을 보면서 그 사람을 섬기는 게 우리의 고통이고 우리 교회가 감당해야 될 일이라는 생각까지 들었거든요. 왜냐면 이분이 기도만 안 하고 다른 건 잘하시면 용납하죠. 근데 기도도 안 하는 분이었기 때문에 사실 찍은 거거든요. 목회자가 아니더라도 이거는, 사실 여기는 다 교수님들이시지만.

김형원   만약에 거꾸로 동일한 분인데 다른 것은 하나도 바뀌지 않았어, 그런데 새벽기도에는 잘 나와 그러면 어땠을까?

한병선   그래도 찍지. (웃음) 기도만 하는 사람도 옳지 않지만 기도도 안 하는 사람도 옳지 않지.

김근주   새벽기도 열심히 하면 안 바뀌나요?

한병선   저는 바뀐다고 생각해요. 바뀔 수밖에 없어요. 진짜 하나님과의 교제가 있으면요. 근데 그것이 아니고 대부분 말씀을 많이 듣고 기도를 잘 안 하시고, 회개란 말은 적합하지 않지만 회개나 기도를 깊이 들어가지 않고…….

김근주   그 부목사님 같은 경우, 다른 시간이나.

김형원   목사님 말씀하신 것처럼 다른 시간에 기도할 수도 있으신데 그건 우리가 모르지만 근데 그의 행실을 보니 이 인간 언제라도 기도 안 하겠다라고 보였던 것?

한병선   보인 게 아니라 확실하다고.

김근주   딱 새벽기도만이라기보다는.

김형원   바꿔 보면 이럴 수도 있어요. 그 사람이 기도라는 주제 말고 말씀을 보는 거로 혹시 바꿔 보면 말씀이 사람을 변화시킬 수 있고 진짜 말씀을 보게 되면 사람이 변화되잖아. 그건 성경에서부터 우리가 보는 거. 근데 말씀에 대해서는 이런 정도로 얘기는 하지 않는단 말이에요. '저 사람 성경 안 읽어서 이런 거야', 또는 '성경 공부를 제대로 안 해서 이런 거야', 이런 식의 평가를 하지 않는단 말이에요.

근데 왜 기도에 대해서는 특별히 새벽기도에 대해서만은 이런 정도까지 모든 걸 다 뒤집어엎을 만큼 평가를 내리는지?

김근주   평소에 성경 안 보니 저러지라고는 말 안 하는데, 새벽기도를 안 하니 저러지는 쉽게 나오니까.

한병선   그분에 대해서 제 평가가 박한 이유는, 설교를 들었는데 이분 성경도 읽지 않는구나. 성경도 읽지 않고 기도도 하지 않고. 제가 보기에는 한국의 교회에 기도만 하는 목사님, 새벽기도만 잘하시는 목사님도 점수를 줄 수가 없어요. 왜냐면 그 삶이 보이니까. 그 목사나 이 사람들뿐만 아니라 성도들도 똑같은 것 같아요.

김형원   결론은 그거네, 새벽기도가 꼭 그렇게 중요한 거냐? 그렇게 했을 때 그렇게 중요한 게 아닌 게 되네.

한병선   저는 새벽기도가 중요하냐 아니냐가 아니라 자기의 영성을 유지하는 방법이 어떤 사람은 새벽기도가 될 수 있고 어떤 사람은 말씀을 볼 수도 있는데 자기를 계속 하나님과 깊은 관계로 가질 수 있는 최소한의 장치는 있어야 된다는 거죠.

김형원   처음에 얘기했을 때는 굉장히 강하게 얘기했는데 좀 달랐죠? (웃음)

고상환   성도들이 보기에는 목회자들을 판단한다는 거 같지만 보이는 것을 판단하기 때문에 새벽기도나 말씀, 설교를 통해서 판단한 것뿐이지 실제적으로 목회자도 억울한 거죠. 말씀을 진짜 열심히 공부했는데 육신이 연약해서 새벽기도 못 나가는……

김근주   새벽기도가 잣대가 되는 이유는

힘든 거라서 그게 이유가 돼요.

고상환   그렇죠, 힘들죠.

김근주   말씀은 가령 한 시에도 보고 두 시에도
보고 지금도 보고 그러는데 새벽기도는 새벽이 아니면 안
되는 거다 보니 저렇게 힘든 걸 목사님이 안 하시나? 나
는 가끔 가는데 이러면.

조석민   만일에 그렇게 되면 고행이 되어 버리
거든요. 근데 길선주 목사님이 처음에 기도를 새벽에 시
작하게 된 것은 본인이 도교와 불교에 심취하여서 새벽
예불 시간에 자연스럽게 눈이 떠지니까 새벽 3시, 4시쯤.

김근주   그분에게는 자연스러운 시간이니까.

조석민   오늘날 과연 같은 시간에 다 나
오도록 강요하는 게 올바를까? 현상적으로 현재
새벽기도에 나오는 사람이 누구인가? 나이 많은 여성 신
자들만 나옵니다. 남자들도 많이 없습니다.

한병선   근데 결국은 교회마다 시간이 조정이
되잖아요. 저희도 두 개 있는데 5시와 6시. 두 번 있거든
요. 그래서 그 시간에 맞는 사람들이 와서 기도를 하는데
이거는 지역 등에 따라서 많이 달라지지 않을까 생각이
됩니다.

조석민   예전에는 그래도 한 동네에 교회가 있
어서 모여서 기도하고 흩어져서 밭일 논일 갈 수 있는데,
지금은 교회와 집과의 거리가 상당히 떨어져
있다는 거죠. 그런 부분에 있어서 상당히 문제가 되죠.
특별히 평소에는 새벽기도 안 하다가 특새가 있죠. 왜 특
새를 해야 될까?

한병선   특새는 목사님이 자기 생각을 관철하기
위해서 교인들을 동원한다고 생각하고 목회자가 그걸 이
용한다고 생각해요.

김근주   특새에 대한 너무나 부정적이고 날카로
운 관찰 나왔습니다.

김형원   특별한 기간을 정해서 영성 훈련을 좀
하자, 뭐 이렇게 좋게 볼 수도 있다고 봐요.

한병선   아니에요. 꼭 목사님 (웃음) 성전 건축
이 제일 큰 목표가……

조석민   그건 첫째고, 둘째는 대학 입학.

한병선   세 번째는 전도.

고상환   긍정적인 것 좀 해요. 지금 어떻게 새벽
기도 할 것인가 이런 걸 생각해야지.

한병선   그러니까 더 부정적이 되는 거야, 새벽
기도에 대해서. 아침에 하나님을 깊이 만나는 이 시간을
조용하게 만들어 주고 교인들이 영성을 회복하는 시간을
만들어 줘야 되는데 그렇게 하지 않아요.
자기 목표를 위해서 사람을 자꾸 동원시키면서
돌리니까 사람들이 은혜를 받지 못하고 하나님
하고 깊은 관계가 되지 않고 그러니까 궁극적으로 새벽기

도에 대한 부정적인 생각은 전적으로 목회자의 책임이라고 생각해요.

고상환   새벽기도하면 그냥 조용하게 안 하고 드럼 치고 그러거든요.

김형원   이벤트하고 똑같이?

고상환   심야기도하고 똑같아요.

김근주   아침에 불 질러서.

김형원   저기 저 강남 M교회에서부터 시작된 거잖아, 특새. 그 교회가 새벽기도로 부흥한 교회 이렇게 알려져 있잖아.

배덕만   강남 ㅅ교회도.

김형원   그런 식으로 연결되는 건데, 그 교인들은 새벽에 수만 명씩 몰려가잖아요.

고상환   그렇죠, 천안에서도 오고.

김형원   그런 부정적인 부분은 물론 있을 거예요, 목사의 어떤 생각에 교인들도 맞장구를 치는 거다. 자기의 영적인 부흥을 위해서 오는 그런 사람도 있겠는데 상당히 많은 부분 특새는 문제를 가져오라고 얘기를 하거든. 문제를 가져오라는 얘기는 좀 그렇죠.
여기에 와서 문제를 해결 받으라, 주로 그런 식으로 간단 말이에요. 그러니까 거기에 목사들 생각만이 아니라 교인들도 맞장구가 되기 때문이라는 거예요.
아까 얘기 나온 건데, 예전에는 새벽에 일어나서 기도하는 게 자연스러운 흐름 속에서 되는 거라면 지금은 고행이 되니까 자기 만족과 하나님 앞에서 내가 이 고행을 한다는 걸 보여 주고 싶은, 떼를 써도 뭔가 보여 주면 약빨이 통하지 않겠나 하는 생각이 들어가 있다는 거지.

김근주   종교 의식의 절정 중에 하나가 요즘에는 새벽기도죠. 금식은 일상화하기가 쉽지 않지만, 새벽기도는 일상 속에서.

고상환 우리가 분석해 봐야 될 것 하나는 이 새벽기도라는 전통이 우리 조상들의 습관과 비슷해서 새벽에 일어나서 정화수 떠놓고 빌었던 습관이라는 얘기랑 가깝잖아요? 깨끗한 정신에 빌고 천지신명께서 이뤄 주시고 또 정신이 맑아지고 이런 것들이 있기 때문에 자연스럽게 저희들한테 들어온 거죠.

배덕만 한국에서는 가르쳐 주지 않아도 기도를 배웠다는 생각을 하고, 소원 성취라는 면에서 하나님을 움직이는 도구로 작용을 하는데 저는 뭔 문제가 많아서 한 시간 두 시간 날마다 나와서 기도할 거리들이 있는지, 과연 어떤 거리들이 있는지.

고상환 쉬지 말고 기도하라고 하셨잖아요.

배덕만 그게 좀 궁금해요. (웃음)

한병선 인생이 편하신가 봐요. (웃음) 인생이 편하시니까 기도거리가 없지요.

랄랄라, 방언 받으셨어요?

느헤미야 팟캐스트 **2**

기독연구원 느헤미야 지음

고상환   황혼은 맞이하시잖아요.

김근주   아주 괴롭고 고통스러운 기도제목 있을
때, 기도 시간이 길지는 않다는 건가요?

배덕만   뭐 길게 기도하기도 하죠. 제가 새벽기
도를 처음 접한 것은 초등학교 2학년 때부터, 아이고 신
앙 간증까지 나오네. 다니다가 중학교 2학년 때에 어떤 확
신이 드니까 밤에 심부름도 못하던 학생이 새벽에 교회를
갔어요, 제가 말입니다. 중학교 2학년 때부터.

김형원   은혜 충만했어요.

배덕만   얼마나 충만했는지 군대 가서 5시에 모
여서 새벽기도한 사람이에요. 6개월 동안.

고상환   그 초심을 회복해야 돼요. (웃음)

배덕만   근데 해보니까 알겠는데 뭔가 잘못됐더
라고.

권연경　　　뭐가 잘못됐다고요?

배덕만　　　그 시간에 그렇게 기도를 했으면 사람이 변해야 되는데 (웃음) 변하지를 않는 거야.

고상환　　　그래서 요새 성격이 그러시구나.

배덕만　　　예, 변하질 않아요. 그만큼 기도를 많이 했으면 변해야 되거든요,

한병선　　　그럼 기도 안 했으면 얼마나 이상했겠어. (웃음)

김근주　　　근데 그건 우리가 생각할 만한 것 같아요. 가령 홍대 새교회도 새벽을 엄청 강조하고 그 교회 출발도 새벽 예배부터 출발하지 않습니까?

김형원　　　아까 얘기했던 것과 연결된다고 보는데 목사가 그렇게 하면서 자기 권위를 세우는 도구로 쓰고 있다는 거예요. 나는 새벽기도하는 사람이다, 우리 교회

는 새벽기도를 강조한다, 우리 교회는 영적인 교회다. 거기서부터 권위를 끌어낸단 말이에요. 근데 성도들도 딸려간다는 말이에요. '여기 뭔가 신령한 것이 있을 거야', 이런 생각들이 계속 부합되기 때문에 그냥 간다는 말이에요. 물론 예외는 있어요. 자기 신앙 가운데서 결단으로 하는 사람도 있겠죠.

처음에 했던 사람들은 순수한 의도를 가지고 하나님과 만나고 싶고 영적인 문제 가지고 기도하고 싶고 이런 것들이 있었겠지만, 지금 한국 교회에서 나타나는 현상은 순수한 부분을 찾을 수가 있을까 싶을 정도예요.

배덕만   저도 상당히 동의해요.

김근주   적어도 예수님도 새벽기도를 권하신 적은 없으니까. 그렇게 새벽에 기도하셨지만 새벽기도를 가지고 유세를 떨고 난리를. (웃음) 그거는 인정해야 될 거 같아요.

권연경   성경을 제대로 열심히 읽으면 사람이

바뀐다는 생각, 기도를 그렇게 하면 사람이 달라진다는 생각이 잘못하면 마술적인 기대감이 깃들 수 있어요. 계시의 응답적인 차원이라고 할까요. 하나님이 우리에게 계시해 주시고 영감을 주시고 드러내시지만 그것이 소통이 되려면 우리 편에서도 영감을 받고 응답하는 차원이 있어야 되고 성경을 읽는 것도 마찬가지죠. 기도도 소통이라는 거.

내가 나를 투명하게 보려는 준비가 되어 있지 않으면 아무리 기도해 봐야 종교적인 위선밖에는 안 될 것이거든요. 그런 면에서 새벽기도가 자기 스케줄에 맞고 생체리듬에 맞으면 나쁘지 않다고 생각해요. 새벽기도 가서 영적인 힘을 유지하는 중요한 수단이 될 수 있으니까.

근데 문제는 두 사람이 새벽기도를 가는데 어떤 사람은 거기서 큰 힘을 얻는데 어떤 사람은 그냥 자기 자랑거리밖에 안 되고 자기를 정당화시키는 수단으로 전락하는데요. 기도하고 안 하고도 중요하지만 하나님을 향해서 열린 마음으로 응답하려는 태도가…….

김형원   거기서 더 나가면 다른 사람을 정죄하

는 율법주의로 바뀌게 되니까.

조석민　　　　저도 두 가지 생각이 드는데 가톨릭이나 성공회에서 쓰는 개념 중 하나가 '은총의 수단'이죠. 하나님의 은혜를 체험하도록 계기나 도구를 마련하기 위해 여러 장치를 하는데 한국 교회에서는 새벽기도가 긍정적 역할을 했던 것 같아요. 저는 아름다운 전통이라고 생각하는데 제가 새벽기도를 하면서 부닥쳤던 결과를 보니까 결국은 두 가지가 부정적인 거예요.

긍정적인 것은 굉장히 많다고 생각하지만 벽에 부닥친 두 문제 중 하나는 아까 말씀드렸듯 새벽기도를 못한 것에 열등감을 갖고 있다가 3년 정도 새벽기도를 빠짐없이 하니까 내 안에 두 가지가 있는 거야. 새벽기도 하는 나, 안 하는 나. 그러면서 제가 벌써 그 안으로 들어와서 '신학교 교수가 새벽기도를 안 해? 저래 가지고 뭐 있겠어.' 아주 자동적으로 그런 생각이 드는 거예요.

근데 교인들도 둘로 나누는 거예요. 새벽기도 나오는 사람과 나오지 않는 사람. 무슨 문제가 생기냐면 새벽기도 나오는 사람들과는 자주 만나고 이 사람들이 교회 핵심이 이 되고 새벽기도 못 나온 사람들은 소외가 되는 거예요. 그러면서 나도 모르는 사이에 새벽기도 나오는 사람들이 담임 목사의 측근이 되고 나오지 못하는 사람들은 선데이크리스찬으로 자연스럽게 분류가 되는 거죠. 이러면서 제 안에도 성도들을 구분해 가지고 대접하거나 목회하는 것이 문제점이었고 또 하나는 그 핵심이 됐던 사람들이 교회에 열심히 충성하는 사람들이 됐지만 결과적으로 교회를 흔들어 놓고 가장 문제를 일으킨 사람들도 결국 그 사람들이라는 거죠. (웃음)

아까 말한 것처럼 저 정도 하면 영빨이 세지고 인간이 바뀌어야 되는데 문제를 일으키는 사람들은 그들이 됐더라는 거죠. 제가 결국 3년 후에 새벽기도를 접었어요. 1년 동안. (웃음)

권연경   그럼 지금은 안 하네?

조석민   또 하나는, 새벽이 기도하는 시간이 되어야 되는데 목사가 잔소리를 하는 시간으로 바뀌는 거예요. 그러면 설교 시간이 점점 길어져서, 그래서인지 지금은 잠정 휴업. (웃음) 대신 이제 시간을 열어 놓고 올 사람 따로따로. 저도 계속 기도는 합니다. 그러나 새벽기도는 공식적으로 1년 동안 잠정 휴업으로 했죠.

배덕만   지금 얘기한 대로 새벽기도에 나오는 사람들이 교회의 중심 멤버가 되는 것은 사실인 것 같아요. 그리고 그 사람들이 열심을 내서 일을 하면 일들이 이루어지고. 근데 바로 그 사람들이 문제를 일으키는 당사자가 되는데 왜냐하면 새벽기도를 참석하지 않는 사람은 새벽기도회 참석하는 사람에 대해서 영적 권위를 인정합니다, 목사가 아닐지라도.
저 사람은 나보다 나은 사람. 그리고 어떤 의사 표결을 하고 의사 표명을 할 때 '당신 새벽기도 나왔어?!' (웃음) 쑥 들어가는 거예요. 그 한마디에 아무 얘기를 못 하거든요. 사실 새벽이란 시간 때문에 문제잖아요, 지금. 근데 새벽기도에 나와서 기도하는 내용이 실질적으로 문제 해결의 방편, 소원 성취의 수단이 된다면 그것은 물 떠 놓고 새벽에 비는 것과 다름이 없다는 거죠.

김근주   정성 들이기에 최고의 시간.

배덕만   그렇죠.

김형원   지성이면 감천이다.

배덕만   중요한 게 있는데 무속 신앙에 보면 신학적인 관점에서는 자정이 지나고 나서 새벽 한 시가 되는 그 무렵부터 해 뜨기 전까지 신접하는 시간입니다. 해가 뜨면 귀신이 물러가요. 해가 뜨기 전에 만나야 돼요. 닭 울기 전에. 바로 그런 무속적 경향이 배어 있습니다. 기독연구원 느헤미야에서도 이런 면에서 새벽기도의 시간, 기도의 내용에 딴죽을 걸어야 되지 않을까 생각을 합니다.

한병선   기도의 내용에 대해서 딴죽 거는 건 맞는 거 같아요. 시간은 좀 다른 것 같아요. 왜냐면 그 시간밖에 낼 수가 없어요. 직업을 갖고 있는 사람은 그 시간 외에는 하나님을 깊이 만나거나 대화할 수 있는 시간이 거의 없거든요. 저녁에는 파김치가 되니까. 그래서 그 시간을 떼어 놓는 거 긍정적으로 생각해요. 근데 저희 교회가 머니까 가까운 교회를 가면

부담스러운 게 목사님하고 저밖에 없는 거예요. (웃음)

배덕만   가까운 교회 갔을 때?

한병선   작은 교회를 가면 아무도 없죠. 그러니까 불편해서 기도를 못하겠어요. (웃음)

배덕만   막 부르짖고 울고 그래야 되는데…….

한병선   그냥 좀 조용히 듣고 싶은데 이분이 계속 제 눈치를 보는 거예요. 기도하시면서 제 눈치를 보니까. (웃음)

김형원   대부분의 교회가 새벽 예배나 새벽 기도 시간이 있잖아요. 정말 기도하고 싶은 사람들 교회 문 열어 놨으니까 5시든 6시든 와서 기도하십시오, 그런 식으로 한다면 새벽기도에 나오는 사람이 얼마나 될까요?

고상환   별로 없죠.

김형원　　　　만약 지금처럼 안 하고 개별적으로 하도록 내버려 뒀는데 제대로 안 됐다는 얘기는 율법주의가 돼버렸고 보이기 위한 것이 돼버렸다는 거죠. 목사 눈치를 보는 것, 목사와 성도를 평가하는 식으로 변한 것이 아니냐? 예수님께서 기도할 때 금식할 때 남들 모르게 하라 그랬잖아요. 새벽기도가 가장 높이 보이는 기도 형태가 돼버렸어요. 이건 예수님의 가르침하고 정면으로 어긋나는 현상이에요. 한번 뒤집어 놓고 해볼 필요가 있지 않겠나, 기도하는 건 당연히 중요하다고 생각하고 시간이 그때밖에 안 된다, 장소도 없으니까 나와서 기도해라, 그렇다면 왜 다 같이 묶어서 똑같이 예배 식으로 해야 되느냐?

배덕만　　　　예배도 아닌데.

김형원　　　　이런 면에 있어서는 좀 문제가 있다고 봐요.

배덕만　　　　그런 부분은 저도 동의합니다. 왜냐면 시간을 정하지 않고 문은 열려 있으니 언제든지 와서 기도하시오 하면 얼마나 될 수 있을지. 또 우리가 매일 기도해야 된다는 강박관념이 있는데 가톨릭에서 얘기하는 피정을 갖는 것, 기도를 위한 휴가가 있죠. 또 불교에서 말하는 묵언 수행.

영국에 있을 때도 성공회에서 아침부터 침묵 시간을 갖는 것을 봤습니다. 전화도 받지 않고 사람과 관계하지 않고 혼자 침묵하는 날입니다. 자신의 영성 생활이 제대로 되고 있는지 1년에 한 차례 하는 것도 새로운 방법은 아닐까.

고상환　　　　특별새벽기도회 할 때 다른 방식을 택했으면 좋겠어요. 아까 말씀하셨듯이 목사님 설교 안 하고 음악 틀어 놓고 조용히 묵상할 수 있는 시간 주고 자연스럽게. 그러니까 오히려 특별새벽기도회 때는 조용히 쉬면서 기도할 수 있도록 만들고.

배덕만　　　　목사 권위가 땅에 떨어지면 어떡해요?
(웃음)

김형원　　　　목사 목적이 달성 안 되잖아? (웃음) 성전 건축이 안 되고.

고상환   그래서 안 되는구나.

조석민   아까 말씀하신 것처럼 설교 시간의 구
성, 형태도 다원화할 필요가 있겠다 생각이 들어요. 제가
어느 집사님하고 우리 아내하고 세 명이서 새벽기도를 한
동안 드렸던 기억이 있는데 어느 날 그분이 저한테 와서
교회 얘기를 하면서 충고를 하는 거예요.
그때는 제가 설교를 짧게 하고 새벽 시간에 성경책 한 장
읽고 경건 서적을 한 챕터씩 읽고 침묵으로 기도했는데
그분이 저한테 그러는 거예요. '목사님은 평상시 기도 많
이 못 하실 텐데 왜 새벽에도 와서 책을 읽고 있어요?'
(웃음) 평상시 늘 책만 읽는데 기도 좀 하지, 위축이 되었
어요.
근데 이건 내 스타일인데, 그리고 나는 이 시간이 굉장히
중요하고 말씀과 경건 서적을 읽으면서 기도하는데 이분
이 생각할 때는 목사가 10분 정도 기도하는 게 양이 안
차는 거예요. 우리가 농담 삼아 새벽기도 시간에 김 집사
가 안 나가고 있으면 목사들이 일어나지도 못한다고 그랬

어요. (웃음)

고상환   먼저 가시면 안 되죠.

조석민   기도라는 것이 목소리가 커야
되고, 길게 해야 되고, 열정적으로 해야 되고,
방언을 해야 되고 등 이런 것들이 한국의 기도 문화
를 전반적으로 전도시키는 것 아닌가 생각이 들었어요.

권연경   그래서 뭐 어쩌자고? (웃음)

배덕만   시간 문제는 해결해야 될 것 같아요. 새
벽에 깨야 되느냐, 소리 내서 해야 하느냐. 트리니티 칼리
지에 있을 때 한국 사람들이 와서 그렇게 기도하니까 코
리안 스타일 프레이어라고 이름을 붙였어요. (웃음)
렛츠 프레이 하면 와~ 박수치고 떠들고 눈 다 뜨고 좋다
고 박수치고 웃고. 한편으로 민망스럽고 무시하는 게 아
닌가 느낌을 받았어요. 그런 부분들은 한국의 기독교 재
구성에 있어서 짚고 넘어가야 될 것이 아닌가.

김근주　　　오늘 새벽기도에 대해서 좋은 이야기들이 나오고 있습니다. 제도로서 새벽기도는 폐해가 많다, 위선과 자기 강화의 역할을 한다, 그렇게 해도 육은 하나도 죽지 않더라, 오히려 기도 시간이 길어질수록 육은 강화되고 고집은 더 세지는 것 같아요. 그렇지만 다들 동의하신 것은 기도 자체는 너무 중요하다, 기도에 다양성이 있고 새벽에 모인다면 설교 시간을 줄여라 이런 것도 좋은 제안인 것 같아요.

한병선　　　목사가 도구화시키지 말라, 그게 제일 중요한⋯⋯.

김근주　　　목사건 교우건 간에 새벽기도 시간에 자기 욕망 쟁취하고, 성취하려고 정성 들이지 마라, 이거는 다 있는 거 같습니다.

배덕만　　　새벽기도 나가는 사람이라고 티내는 거.

김근주　　　새벽기도 유세하지 마라. (웃음)

고상환   우리 게시판에 많이 들어오겠는데. (웃음)

배덕만   근데 그거 없으면 목사가 힘이 좀 빠져요. '김 집사님, 왜 새벽기도 안 나왔어요?' 이래야 기가 팍 죽는데. (웃음)

김근주   목사의 영역은 새벽기도 시간이 아니라 성품과 삶, 메시지로 나타나야 되는데 새벽기도와 은사 이런 걸로 유세를 떨기 때문에.

권연경   어릴 때 궁금했던 것이 목사님이 새벽기도를 안 나오는 날도 있거든. 설교할 때는 성도들은 꼭 나와야 된다고 설교를 하세요. 그런데 목사님이 안 나와. (웃음) 궁금한 거지. 왜 목사님은 안 나오지? 목사님은 설교하는 날만 나오면 되는 건데 교인들은 그런 날이 없잖아요.

김형원   우리도 요청해, 순번제로 해달라고. (웃음)

조석민　　　제가 전에 다녔던 교회는 충정로에 있는데 특별새벽기도 주간에 한 집사님이 청평에서 새벽기도를 나오는 거예요. 이거를 광고 시간에 얘기해 버리니까 나머지는 변명의 여지가 없는 거죠. 한편으로는 왜 청평에서 나오는 건데 이런 생각이. (웃음)

김형원　　　근데 모든 특새 하는 교회가 다 그런 신화를 이용해요.

조석민　　　누구는 의정부에서 온다. 대전에서 온다.

고상환　　　그분들의 공통점은 항상 기도 제목이 이루어져. (웃음) 안 이뤄진 적이 없어.

조석민　　　한편으로는 정말 대단하다 생각이 들었어요. 진짜 청평에서 새벽기도 3주를 빠지지 않고 나오는 그 정성, 도대체 어디서 나오는 역량일까.

김형원   왔다 갔다 하는 시간에 가까운 교회
가서 세 시간 기도하면 더 좋을 텐데.

권연경   자기를 돌아보는 것보다는 멀리서 오는
게 더 쉬워요.

김근주   그거 참 좋은 이야기다. 자기 돌아보고
살피기가 고통스럽기 때문에. (웃음)

김형원   또 다른 측면은 스스로 하나님
과의 관계를 갖는 훈련이 안 되는 거예요. 분위
기에 의해서 하는 거로만 된다고 생각해. 근데 혼자 떨어
져 있으면 한 시간을 묵상 시간 갖고 교제하는 시간을 가
져라 하면 감당을 못해.
이게 안 되는 거예요. 그러니까 모여서 한다 했을 때 언제
어느 곳에 떨어져도 기도할 수 있도록 해야 되는데 그게
안 되니까 자꾸 여기 와서 보약 챙겨 먹는 것과 똑같은
거예요.

김근주   거기에 성전 사고가 있는 거죠. 교회당

은 특별한 곳이니까. 자기 있는 곳이 성소가 되는 것이 아니라 거기가 성소다 보니.

배덕만   딴 데서 기도가 안 되는 거죠. 기도를 어떻게 하고 있는지, 기도를 무엇이라고 생각하는지가 신앙을 대변한다고 저는 생각합니다.

조석민   결국 한국의 기독교인들을 주체적으로, 자율적으로 신앙생활할 수 있도록 못 키우고 있어요. 어디 있든 신앙을 지킬 수 있어야 되는데 그렇게 집합해서 훈련하지 않으면.

권연경   그 주체성의 한 차원이 욕망인 거 같아요. 자기 욕망을 꺾고 자기를 돌아볼 준비가 되는 게 영성의 핵심인데 새벽기도에서도 형식을 요구하고 설교를 길게 하기를 원하는 것도 그걸 회피하기 위한. 주체적인 영성 훈련을 못 받았다는 얘기는 한편으로 말하면 나를 포기하고 하나님께 맞추는 자기 포기 연습이 안 되었다는 얘기와도……

김근주   그 점에서 앞으로 이야기해 보고 싶은 것은 어떻게 자기를 돌아보는 영적 훈련들을 할 것인가, 오늘 다루지 못했지만 그건 다음 기회에 생각해 봐야 되겠습니다. 새벽기도에 대해서는 야무지게 다룬 것 같죠? 다음 시간에 만나요.

큐티___

하루라도 빼먹으면 큰일난다

김근주   오늘 우리가 함께 나눌 주제는 큐티 (QT), 즉 말씀 묵상입니다. 많은 그리스도인들이 규칙적으로 행하는 것이니만큼 만만치 않은 주제인 것 같습니다. 오늘 이야기를 위해서 권연경 교수님의 발제를 듣도록 하겠습니다.

권연경   큐티라고 우리가 보통 부르는데 일반적으로 말씀 묵상이라고도 하지요. 정기적으로 시간을 떼서 묵상하는 것을 큐티라고 하겠습니다. 긍정적인 면을 보면 큐티가 한국 교회의 성도들을 성경 중심 신앙으로 만드는 데 지대한 역할을 했다고 평가할 수 있을 것 같고요. 막연하게 신앙생활을 했을 사람들이 구체적으로 말씀대로 살아가게끔 자극을 했고, 지금도 긍정적인 역할을 하고 있는 것으로 보입니다.

큐티를 꾸준히 하는 분을 봤을 때 '저분은 큐티를 해서 문제다'라고 보이는 경우가 많지는 않고 오히려 큐티를 하기 때문에 저분이 그래도 건강하다고 하는 경우가 많은 것 같습니다. 긍정적인 면들을 우리가 고려를 하면서 조금 우려가 될 만한 측면들을 이야기해 보는 게 유익하지 않을까 싶습니다. 개인적으로 보기에 큐티를 할 때 느끼는 가장 큰 어려움은 큐티를 하는 분의 어려움보다는, 뭐라고 할까요. 큐티의 문제라고 할까요. 그때그때 본문을 잘라서 읽고 그 본문을 가지고 적용을 하기 때문에 말씀을 제대로 해석해야 하고 해석된 것을 수용해야 된다는 생각을 못하게 된다는 점입니다.

해석보다 적용이 중요해지다 보니까 말씀의 본래 의미를 왜곡하는 것이 큐티의 문제가 아닐까 합니다. 사실 성경 말씀도 하나님의 말씀, 쉽게 말하면 남의 이야기인데 남의 이야기를 경청하는 게 쉽지 않잖아요. 신중하게 들어야 되고 잘 따라가야 되는데 그런 부분들을 우리가 소홀하게 생각합니다. 오늘을 위한 직통 계시로 읽게 되고, 그러다 보니까 말씀의 진위를 왜곡하는 현상이 생겨나는데요.

제가 가끔씩 쓰는 표현처럼 결국에는 '해석학적 우상숭배'로 귀결되는 경우가 많은 듯합니다. 원하는 의미를 내가 만들어 내는 거죠. 문맥을 내 나름대로 만들어 내고. 그러다 보니 내 생각이 하나님의 말씀인 것으로 둔갑하는 현상이 생기지요. 그래서 말씀을 깨달았다기보다는 내 마음에 드는 생각이라서 은혜를 받는 것입니다. 그런 위험이 큐티의 근본적인 어려움 아닌가 하고요. 그 부분에 대해 우리가 이야기를 하면 좋을 것 같습니다.

또 제가 '적용 강박증'이라고 부르는 문제가 있습니다. 매일매일 내 하루를 생각하면서 말씀을 적용하는 것이지 않습니까? 하루가 말씀대로 되기를 바라는 마음이 크기 때문에 긍정적으로는 상당히 좋기도 하지만 부정적으로 가면 적용 강박증이 되어 어떻게든 오늘 적용할 거리를 찾아야 됩니다. 그렇지만 항상 적용할 거리가 나올 수는 없고, 오늘 읽은 말씀이 오늘 살아갈 삶과 직접 연결이 안 될 수도 있는데 억지로, 터무니없는 적용을 하는 경우도 많다는 것입니다. 그것과 연관해서 그때그때 말씀을 받아야만 내가 살아갈 수 있다는 생각까지도 하는 것 아닐까 합니다. 소아병적인 증상이 나타나죠.

우리가 성숙해지면 그때그때 엄마 말을 들어야 살 수 있는 것이 아니잖아요? 어릴 때는 엄마 말을 듣고 그때그때 순종해야 되지만 성년이 되면 그날 벌어서 먹고사는 관계는 아니거든요. 큐티를 매일매일 하는 것이 영적인 건강을 위해서 좋다고 동의하지만 오늘 큐티 안 하면 장사 망한다, 오늘 하루 망친다는 생각으로 갈 수도 있겠습니다. 그런 의미에서 강박관념을 가지고 있는 교인들도 있는 것 같아요.

긍정적인 방향에서 저는 말씀 읽기가 여유 있는 대화가 되면 어떨까 싶습니다. 그날그날 구체적인 행동 지침을 찾아내거나, 말씀으로 하루의 점을 치는 시간이 아니라, 하나님의 뜻을 더 깊이 이해하려는 마음으로 대화를 나누는 시간이 되면 어떨까요. 오늘 딱 맞아떨어지는 말씀이 나올 수도 있지만 그렇지 않을 수도 있죠.

큐티의 장점이 말씀에 맞춰서 구체적인 결정을 하며 살아가도록 돕는 만들어 주는 것이고, 또 적용도 내 삶을 말씀에 맞추겠다는 것이니 참 좋은 것입니다. 우리가 말씀을 가지고 살아간다는 것이, 긍정적인 면을 부각시켜 생각하자면 결국 우리의 삶 자체가 말씀에 의해서 이끌려야 하고, 그런 면에서 말씀을 어떤 결정의 지침뿐 아니라 일종의 에너지, 우리의 삶을 떠받치는 영적인 에너지원으로 생각하면 어떨까 싶습니다.

큐티라고 하면 하나님의 뜻을 아는 것과 연결됩니다만 성경을 많이 읽으면 성경에 있는 얘기는 우리가 아는 거거든요. 굳이 안 물어봐도 아는 거지요. 나이가 들면 엄마한테 안 물어봐도 부모님의 뜻을 아는 것처럼 하나님의 뜻도 어떤 부분은 이미 아는 부분이 있습니다. 그런 부분보다는 말씀을 통해서 하나님과 교제를 나누고 그것이 우리의 삶에 큰 힘이 되는 측면이 큐티에 있습니다. 그래서 단순히 몰랐던 걸 안다는 지적인 차원을 넘어서서 큐티를 생각해 볼 수 있겠다는 생각이 듭니다.

김근주　　　　감사합니다. 큐티의 긍정적인 면은 성경 중심으로 살게 하고 말씀을 구체적으로 적용해 볼 기회를 준다는 좋은 점 이야기해 주셨습니다. 우려되는 점으로는 본문의 맥락과 분리된 해석, 지나친 적용 강박증, 그래서 장기적인 방향으로 제안하신 게 성경에 대한 폭넓고 여유 있는 대화와 접근이 필요하다. 정확히 그날의 말씀이라기보다는 에너지원으로서 성경을 생각하면 좋지 않냐, 성인의 신앙, 이런 이야기가 될 것 같습니다.

일단 나눌 초점이 이야기되었습니다만 먼저 왜 우리가 큐티를 다루는지 이야기해 보면 좋겠습니다. 우리 에고에이미에서 다루는 주제들은 긴박, 묵직, 무거운 주제들을 다뤄 왔는데 왜 우리가 큐티를 다뤄야 되는지, 큐티! 매일 아침에 성경 보자는 건데 왜 우리가 다루기까지 해야 되는지. 어떻습니까? 우려되는 점들은 권 교수님이 이야기하셨습니다만 다른 분들은 큐티에 대해서 에고에이미가 다루어야 될 정도로까지 (웃음) 뭐가 우려가 되는지요.

고상환   우리가 다루면 심각한 거죠?

김근주   요즘 교우들이 성경 너무 안 본다, 이거
안 다루잖아요. 근데 성경 보겠다는데 왜 그걸 다루는 건
가요? 그러고 보면 에고에이미가 특이한 게 뭐냐면 새벽
기도 다뤘잖아요, 기도 안 한다를 다루는 게 아니라 기도
하겠다는데 다뤄요. 왜! 왜! 도대체. 어떻습니까?

권연경   별로 할 말이 없네. (웃음)

한병선   시중에 큐티 가이드가 너무 많아요. 매
달 나오는 책들도 많은데 하나같이 좀 이상하더라고요.
성경을 읽고 하나님께 가까이 가는 게 아니라 저자가 말
하는 것에 내가 동의하고 그것을 삶의 방식으로 가져온
다는 것이 좀 만연한 것 아닌가 생각을 하거든요. 왜 우
리가 성경 그대로를 보지 못하고 큐티 묵상집
을 중심으로 보는가. 난 이것이 더 큰 문제라는 생각
이 들어요.

김형원   그럼 안 보면 되잖아요.

한병선   안 보면 되죠. 근데 그거 보지 말고 그
냥 성경 보라고 하면 애들이 힘들어해요. 어떻게 해야 돼
요? 이러거든요.

김형원   그건 큐티의 문제가 아니라 큐티 잡지
의 문제, 큐티 잡지에 의존적으로 가는 문제로 보여요. 다
른 측면으로 보면 지금 기독교 출판 시장에서 돈 되는 건
큐티집밖에 없거든.

권연경, 한병선   맞아요. // 맞아요.

김형원   성경책도 이제 예전에 비해서 그 정도
는 안 되고 큐티 잡지만 수익이 된다는 얘기예요. 황금
알을 낳는 거위 같은 게 돼버렸는데.

권연경   거기 광고비가 제일 비싸요.

김형원, 한병선   그렇죠. // 맞아요.

김형원   《생명의 삶》 광고비 엄청나게 비싸죠?
한국 교회의 여러 면들이 큐티로 상당히 수렴해 가는 것
아닌가 해요. 그만큼 큐티가 중요하다는 거죠. 이렇게 한
국 교회에서 중요하게 여기고 있고 모든 성도들이 큐티를
해야 될 것 같은 생각 속에 있다면 우리가 다뤄볼 만한
문제잖아요. (웃음)

김근주   그렇군요. 겁나 중요하니까. 제 고등부
때, 겨우 몇 년 전입니다만 하여튼. (웃음) 그때도 큐티를
강조했지만 큐티 잡지 아무도 안 봤고 별로 나와 있지도
않았죠. 80년대 초중반이면.

권연경   《매일성경》.

고상환   언제부터 나온 거죠?

권연경   그때도 있었어요. 내가 대학생 때 썼거
든.

김형원   한 70년대부터 나왔나?

김근주   전 대학 가서도 《매일성경》을 본 기억
이 없어요.

고상환   80년대 아닌가요?

권연경   대학생 때 제가 봤다니깐.

고상환   대학생 때…… 그럼 60대세요? (웃음)

권연경   초창기에 큐티 움직임을 만든 게 아무
래도 성서유니온 사역일 텐데요. 성서유니온 총무를 하셨
던 윤종화 선생님 강의를 제가 대학생 때 들을 기회가 많
이 있었고 그분한테 영향을 많이 받았죠. 그분이 말씀 묵
상을 강조했고 책을 쓰기도 했어요. 성서유니온 사역이
그때 거의 말씀 묵상 중심이기도 했었죠. 지금도 성서유
니온이 그 사역을 계속하지만 이제는 패러다임 전환을 모
색하려는 시점인 것 같아요. 온누리교회 같은 곳에서 가
세하면서 조금 조직적으로 분위기가 퍼져 나갔죠. 중요한
것은 《매일성경》만 해도 자기가 해야 돼요. 그런데 온누리
교회에서 만든 《생명의 삶》 경우는 자기가 군이 묵상하고

적용 안 해도 괜찮도록 만들었어요. 좋은 얘기 잔뜩 집어 넣어서 읽으면 되니까. 이게 결과적으로는 묵상을 안 하면서 묵상을 하는 것처럼 만드는 효과가 있었던 것 같아. 그게 인기를 끈 이유 중 하나가 아닐까 하고 개인적으로 생각합니다.

김근주   다 만들어져 있고 좋은 결론도 교훈도 제시되어 있기 때문에 보면서 나른하게(?) 은혜로운 거고요.

권연경   나도 좋더라고. 골치 아플 필요가 없으니까.

고상환   다 얘기해 주죠.

권연경   근데 말씀 묵상의 핵심이 결국 찔리는 거잖아. 근데 그 괴로움이 별로 없어도 괜찮은 느낌을 좀 받았고. 물론 사람마다 다르긴 하겠고 제가 잘못 사용했을 가능성도 있는데……

김형원   잘못 사용했다고 합시다. (웃음) 저는
우리나라에 큐티가 보편화된 배경을 이해해야 된다고 생
각을 해요. 1970년대든 80년대든 그 무렵쯤이라고 본다
면 그게 교회 교육 패러다임 변화와 밀접하게 관
련이 있어요. 우리가 어렸을 적에는 거의 교리
교육이었잖아요? 소요리문답, 웨스트민스터 신앙고백
등의 교육이 주를 이뤘죠. 중고등학교 시절에도 주일 오
후 예배나 수요 예배에 가면 소요리문답 공부했던 기억이
난단 말이에요.

그러다 보니까 성경을 주체적으로 보는 훈련들이 안 되
죠. 말씀을 통해서 살아 있는 것을 찾아내지 못하는 수
동적 교인을 만드는 상황. 시대가 변하면서 교리에 대해
반감이 많이 일어났잖아요? 교리만 공부해야 되냐와 연
결돼서 실용적인 분위기가 생겨요. 실용적이라 함은 결국
내가 직접, 뭔가 해야 된다는 것으로 연결됐고 말이죠. 누
군가 떠밀어 줘야 되는 게 아니라 내가 직접 해야 된다는
느낌?

제가 대학 때 네비게이토에서 훈련을 좀 받았는데 거기서
강조했던 게 그거예요. 남이 가르쳐 주는 거 너무 의지하
지 마라. 네가 직접 봐라. 그런 배경이 상당히 있지 않겠

는가 해요. 그리고 내가 주체적으로 성경을 보고 주체적으로 뭔가를 끌어내는 훈련이 안 되어 있으면 내 신앙은 내 것이 아니라는 분위기가 있었던 것 같아요. 저는 이게 장단점이 있다고 생각하는데 교리 중심적인 한국 교회 분위기에서 탈피하는 이유가 되지 않았을까 싶어요.

신학적인 훈련이 고도의 훈련이 아니라 성경이 어차피 신학 책이니까 그것을 보고 해석할 수 있는 능력이 필요하죠. 그런데 그런 능력이 없는 사람에게 네가 주체적으로 할 수 있다고 하면 아까 권 교수님 말씀대로 맘대로 해버리는 것 아닐까요. 이것이 신학적 훈련을 완전히 무시했던 결과가 아닐까 해요. 큐티가 교리 교육의 문제점을 지적하면서 나왔는데 그걸 무시했던 결과를 지금 보는 것이 아닌가.

권연경   걱정하시는 그런 문제를 해결해 주는 책이 아니라 사실은 문제를 더 심각하게 만드는 책.

김형원   《생명의 삶》 같은 경우 왼쪽 면에 말씀 나오고, 묵상 나오고 넘겨 보면 재밌는 에피소드가 나온

단 말이에요. 그것만 남는다는 얘기예요. 요즘 바쁘잖아요. 이거 언제 말씀 보고 깊이 묵상해. 근데 한 쪽 넘기면 감동적인 얘기가 항상 있거든. 결국 이 이야기만 남는다는 거.

큐티의 본질이 하나님의 말씀을 깊이 보게 하고 말씀을 스스로 씹어 먹게 하는 훈련을 시키는 게 아니라 피상적인 것들만 줘요. 근데 어떻게 보면 그런 것을 너무 잘 뽑아서 잘 팔린 게 아닌가 싶기도 해요.

김근주   반박을 해보자면 그런 면이 거의 없고 텍스트만 있는《매일성경》의 경우 열성파들은 좋아하는데 접근하기가 쉽지 않다는 사람이 많죠. 말씀하신 대로 신학적 훈련이 없는 상태로 본문을 풀어가기 너무 힘들어서 큐티 잡지를 보는 건데《매일성경》은 거기에 큰 도움이 안 되는 것이고요.《생명의 삶》은 효과적으로 도와주는데 본문과는 동떨어진 내용이 남는…….

권연경   도와주는 게 아니라 그런 생각을 아예 못 가지게 만들어 버리는 거죠. 문맥과 관계없이 내 삶과 연결되는 뭔가를 찾기 위해서 점괘를 찾는 거죠. 어떤 날은 단어 하나 잘 만나면 대박 나는 거예요. 그런데 그것이 본문의 메시지와는 상관없는 거예요. 근데 그 적용은 결국 내 상황 때문에 생기는 적용이거든요. 결국 내 상황에 맞는 메시지를 내가 만드는 거예요. 예를 들면 로마서를 읽는데 스페인 어학연수를 갈까 말까 고민하는 사람이 있어요. 바울이 마지막에 스페인 가잖아요.

김근주   그럼 딱인 거죠!

권연경   본문을 잘 읽어 보면 바울이 몇 년 동안 가려고 하다가 좌절됐다고 해요. 그러면 어떻게 적용이 되냐. 아, 처음에는 안 해주시는구나, 몇 년 동안 길을 막다가 해주시는구나. 이렇게라도 적용해야 될 거 아녜요. 그런 적용은 안 해요. 나한테 안 맞거든. 자기한테 좋은 쪽으로만 적용하는 게 인간의 본성인데 그 본성이 위력을 발휘하도록 내버려 두는 거죠.

김근주   통제할 수 있는 장치가 없는 거고…….

권연경   말씀과 반대되는 결과를 얻는 거죠.

김형원   그러니까 말씀을 중심으로 놓고 거기서
부터 자연스럽게 적용이 나와야 되는데 내 생각과 상황이
먼저 앞서다 보니까 거꾸로 된 거예요. 그러니까 적용을
강조한 것은 필요하다고 봐요. 아까 얘기했던 대로 교리
교육을 탈피하고 바꾸려는 의도는 충분히 이해가 돼요.
적용의 3P 법칙 들어보셨어요? 이거 네비게이토 같은 곳
에서 굉장히 강조해요. 'Personal', 'Practical', 'Possible'.
이게 아니면 적용이 아닌 거예요.

김근주   아주 좋은데요.

김형원   좋은 거예요. 왜냐하면 세상에 있는 모
든 사람을 사랑해야지 하면 이건 아무것도 안 되거든요.

권연경   좀더 열심히 살아야지, 이런 거죠.

김형원   맞아요. 하지만 문제는 모든 말씀을 그
렇게 적용할 수 있느냐는 거죠. 그러다 보니까 자꾸 무리

하게 되는 건데 오늘 말씀을 읽었는데 어떤 면에서는 깨달음이 하나도 없을 수 있고, 적용을 구체적으로 하려고 했지만 아무것도 안 될 수 있어요. 그냥 말씀 읽고 건조하게 끝날 수도 있어요. 그럼에도 그 시간이 말씀을 읽고 내 것으로 만드는 시간이 될 수도 있다는 거죠.

김근주   아까 권 교수님이 이야기했던 하나님과의 인격적인 동행을 좁게 생각해서 하루 큐티를 안 하면 하루를 망친다고 하면 그건 하나님과의 관계가 성숙하지 못해서 그런 것이죠.

김형원   어떤 사람은 우리가 성경을 너무 실존주의적으로 읽었다 그래요.

김근주   제가 생각하는 큰 문제는 신앙을 사유화하는 거죠. 어떤 교회 같은 경우 성적인 문제로 너무 결론이 나요. 그런 간증을 하는 교회가 엄청나게 많아요. 일종의 관음증이기도 한데. 물론 그런 것도 성경에 있지만요. 가령 두려워 말라는 말씀이 나오는 구약 같은 경우 열에 아홉은 국가적인 중대사예요. 외적이 쳐들어오지만 두려워 말라는 건데 오늘 시험이 있다, 내일 사업상 중요한 계약이 있다, 하지만 두려워 말자 이렇게 개인적인 영역으로 몰아가요.

김형원   성경의 개인화죠.

김근주   이분들이 국가적인 문제에 적용 안 해요. 그나마 《매일성경》을 보면 기도 제목에 국가 문제가 얼핏얼핏 나온다 싶어요.

김형원   하지만 본문과는 연관이 없지요.

김근주   맞아요. 심지어 공평과 정의를 다루는 본문도 공적인 영역들을 끌어들이지 못한다는 거죠.

김형원   사회적 차원이 결여되어 있는 거죠.

김근주   그렇게 되면 나라가 망하든 말든 부정

부패가 있든 말든 공적 영역은 없어요.

김형원　　　　'Personal' 하면 돼요. 국가를 위해 나가서 이 한 몸 불사르겠다. (웃음) 불의를 막기 위해서 'personal'하게.

권연경　　　　'Personal'의 의미는 사적이라는 게 아니라 인격적 관계죠.

김형원　　　　'내가' 할 수 있는 것이죠.

권연경　　　　그렇죠. 큰 문제가 사적인 해석이에요. 적용은 좋지만 해석이 제대로 되지 않으면 위험하잖아요. 그런데 그 해석의 중요성을 전혀 강조하지 않는 거죠. 그러다 보니 적용이 황당한 수가 많아요.

고상환　　　　감정적인 측면도 있죠. 기분이 안 좋을 때 시편을 펴면 '할렐루야' 하면서 감정을 고양시키죠. 아침에 기분이 나쁘면 의도적으로 그 부분을 펴요. 힘을 주시겠지. 두려워 말아야지. 그렇게 자꾸 사람들이 말씀을 선택해서 들으면서 그게 하나님의 음성이라고 하죠. 마음에 안 드는 말씀이 나오면 던져 버리고요.

김근주   예언서 등은 큐티하기가 어렵거든요. "너 죽는다, 너 죽는다"는 말을 반복하기 때문에 쉽지 않은 것 같아요.

김형원   성경이 다루는 큰 문제들은 단시간에 큐티를 하거나 짧은 본문을 가지고 간파해 내기가 쉽지 않거든요. 성경 면면에 흐르고 있는 원리, 정신 등은 간파하기가 어려운 것 같아요.
사회 윤리적인 큰 이슈들은 단편적인 본문으로 결론을 내린다든지 분명한 뜻을 찾기가 쉽지 않거든요. 예를 들면 사형 제도. 이런 것은 찾아내기가 어려워요. 큐티에서 한 번도 다루지 못한다는 얘기거든요. 결국 개인주의적 신앙만 남는다는 거예요. 큐티를 강조하는 교회에 제일 불만은 그런 부분이에요. 거시적인 문제를 전혀 다루지 않죠. 성경에선 강조하는데 개인적인 문제만 다루는 거죠.

권연경　　　　전도서를 읽을 때 매일매일 짧은 본문에서 전달받는 것이 아니라 전도서 전체를 묵상하면서 얻게 되는 것이죠. 욥기도 마찬가지입니다. 욥기 내용이 사적인 문제일 수도 있지만 크게 보면 불의한 이 세상에서 하나님을 섬기며 살아간다는 물음. 그런 것들도 하나님이 말씀하고 싶으신데 그런 장치가 없죠.

고상환　　　　교회에서 하는 성경 공부 방식은 거의 큐티에 가깝거든요. 성경 전체를 바라보고 조감할 수 있는 공부들이 많이 나와야 되지 않나 해요. 성경의 맥락에서 말씀을 조명하고 연구하는 훈련이 많이 이루어져야 할 것 같아요. 큐티를 할 때도 맥락을 파악하지 않으면 오해하기 쉬운 구절이 많은 것 같아요. 한 절 딱 놓고 30분 동안 외우는 거죠. '여호와는 나의 목자시니……' 말씀을 하신 맥락과 거기 감춰진 것을 찾아내는 훈련을 해야 하지 않나 합니다.

한병선　　　　좋은 성경을 구입하면 돼요. 성경 읽으면서 밑에 있는 주석을 보면서 큐티하면 됩니다.

고상환   그런데 보기가 쉽지 않아요. 성경에 있는 주석을 보는 게 그것도 사실은 잘 안 알려 줘요. 누가 그거 읽으라고 안 하거든요.

권연경   관심이 있는 사람만 보죠. 제가 만난 많은 분들은 맥락에 대해선 관심이 거의 없어요.

한병선   배경에 관심이 없는 거군요.

권연경   나에게 해당되는 말씀만 관심이 있는 거죠.

고상환   주석 책이나 인터넷 찾아보면 구절에 대한 상황이 정리되어 있거든요.

김근주   어떤 면에서는 큐티가 해로울 수도 있겠네요. 진지하고 체계적인 성경 공부는 필요 없다고 하고, 사적인 면에서만 성경을 보면 워낙 나를 위한 말씀이 많기 때문에 그런 경우는 큐티가 해로워지죠.

123

권연경   사사롭더라도 제대로 들으면 되는데 내 욕심을 정당화하는 방식으로 읽으니까 문제죠. 의식적으로는 하나님의 말씀을 읽는다고 생각하거든요. 그런데 실제로 내 생각이 말씀으로 둔갑한다는 말이죠. 출애굽한 이스라엘 백성이 금송아지 만들어 놓고 하나님이라고 숭배하는 것처럼 내 생각을 하나님 말씀이라고 하면서 기뻐하는 거죠.

김근주   텍스트에다 욕망을 그대로 투사한 건데 말이죠.

김형원   그런 측면에서 신학 교육과 성경 해석에 대해 교회들이 많이 강조해야 될 것 같아요. 교인들에게 이제부터 큐티해라고 채찍질하는 게 아니라 기본적 소양을 주려는 노력을 많이 해야 할 것 같아요.

권연경   요즘 분위기를 보면 성경 공부라는 말이 안 들리는 것 같거든요. 제 주변의 교회와 관련된 현상인지 몰라서 여쭙는 건데.

한병선　　　목사님이 설교라도 제대로 하는 교회면 괜찮아요. 그렇지 않은 교회를 다니면서 큐티로 연명하는 평신도들은 정말 큐티가 생명줄이에요. 하나님 만날 수 있는 유일한 통로예요.

고상환　　　산소 호흡기네요.

한병선　　　그렇죠. 그런 교회밖에 없으니까. 제가 다닌 선교단체에서는 저녁에 말씀을 다섯 장 읽고 아침에 큐티를 하라고 하더군요. 아침에는 자세하게 보지만, 저녁에는 맥락을 읽는 연습을 하라는 것이거든요. 그것이 맞다고 생각해요. 쭉 읽는 것과 큐티가 서로 보완이 될 수 있는데 큐티 하나만 본다면 어려움이 있죠. 그런데 평신도들한테 신학 공부를 하라는 것은 굉장히 어려운 거예요.

고상환　　　신천지가 그래서 먹히거든요. 말씀을 공부시켜 준다고 하거든요. 가보면 그럴 듯하다는 거죠. 교회에서 안 하는 걸 알려 줘요. 그러니까 이 사람들이 확 가는 거죠.

김형원　　　　이단들은 상당히 깊이 있는 신학을 시켜 준다고 그래요. 이단들은 하는데 왜 정통 기독교는 안 해? 왜 못할 거라고 생각하는지 이해를 못하겠어요.

고상환　　　　바빠요.

김형원　　　　우선순위를 어디에 두어야 될지 모른다는 거지요.

한병선　　　　제대로 말씀을 가르쳐 주는 곳이 많지가 않아요.

김근주　　　　여유가 참 없어요.

권연경　　　　어떻게 보면 여유가 없다기보다 신념이 없는 거죠. 말씀이 실제로 우리에게 의미가 있고 나를 인도한다는 실질적 신념이 없어요. 교리적 신념은 있지만. 그래서 말씀 강조가 피상적이 되는 거죠.

김근주　　　　너무 초조하게 하루하루 승부를 보려

고 하는 거죠.

김형원   예전에는 큐티 시간이 30분 정도였는
데 요즘은 그렇게 하기가 쉽지 않죠. 점점 바빠지는
걸 아니까 큐티집도 속성으로 하도록 가지 않
나 해요. 지하철이나 버스에서 잠깐 볼 수밖에 없는 상
황이니까. 바쁘다는 것이 분명 제약 조건이 되는 것 같아
요. 그런 상황 가운데서도 큐티를 고수하는 것이 효과가
있겠느냐 하는 것은 또 다른 문제인 것 같아요.

김근주   거기에 그냥 자족하게 만들어 버리는
거죠.

김형원   그러니까 과감하게 멈추든지, 매일은
못하지만 일주일에 하루 정도는 시간을 내서 한두 시간
깊이 보겠다든지 하는 대안을 찾으면 좋을 것 같아요. 한
두 시간 정도 성경을 쭉 읽고 전체적인 맥락을 보고 큐티
에 들어간다면 어떨까 싶어요. 그런데 우리는 큐티라
는 패러다임을 끝까지 고수해요. 요것 무너지면 신
앙이 다 무너진다는 생각이 너무 강해서 강박증에 시달

리는 것 아닌가…….

김근주   저도 초조하긴 해요. 교우들에게 하루
에 조금이라도 말씀 보는 시간을 가지자고 하는데…….

권연경   어떤 면에서는 하루라는 것이 절박함
의 표현이거든요. 세상이 워낙 도전이 많은 곳이니까 매
일 깨어 있지 않으면 넘어간다는 표현일 텐데. 어떻게 보
면 정당한 관심이죠. 그래서 말씀을 매일 보는 것이 좋다
고 생각해요. 중요한 것은 그 부작용을 어떻게 해결할지
찾아가는 것이죠.
가장 중요한 게 마음의 훈련이라고 생각해요. 많은 큐티
집들이 마음의 훈련을 안 해도 되는 쪽으로 흘러가요. 어
떻게 하면 마음의 훈련으로서 말씀 묵상을 도울 수 있을
까를 찾아야죠.

김형원   저도 대안이 뭘까 생각하게 되는데 가
톨릭에서는 '렉시오 디비나'가 있잖아요. 그런데 그게 시
간이 걸려요. 말씀을 눈으로 보고 귀로 듣고 마음으로 읽
으면서 말씀 속으로 들어가야 하니까. 여유가 있는 사람

들에게 적합하기는 한데 개신교에서는 어떤 전통이 있었을까 보면 큐티 전통은 아니었던 것 같아요. 칼뱅의 주석이나 아우구스티누스의 성경 해석 등을 같이 읽어 나가는 방식이었던 것 같아요. 검증된 좋은 책, 주석, 해설서를 읽어 나가는 거죠.

김근주   하긴 그런 좋은 책들은 생각을 하게 만드니까요.

김형원   본인이 뭘 하려고 하다가 망치는 것보다 낫죠. 이게 개신교 전통의 한 흐름인 것 같아요.

권연경   말씀을 제대로 이해하겠다는 결심을 표현한 거죠.

김형원   그렇죠. 바쁜 세상이라 오히려 대안일 수도 있겠다는 생각이 들어요.

김근주   배덕만 교수님이 그러셨는데 새벽 예배에서 새벽기도하고 칼뱅의 책을 읽고 있었는데 교인 중에 한 사람이 그랬다지 않습니까. 목사님, 왜 귀한 기도 시간에 그런 책을 읽고 계십니까라고요.

김형원　　　네. 이게 역사적으로 꾸준히 흘러왔고 주석 때문에 변화된 사람들이 계속 나왔거든요. 현실적으로 본다면 주말 같은 때에 여유를 가지고 읽으면 좋을 것 같습니다. 주말에 시간을 내는 것 또한 훈련이라는 생각이 들어요. 그러다가 한 달에 한 번이나 분기에 한 번씩은 기도원 같은 곳에 가서 렉시오 디비나 등을 통해 깊이 있게 말씀을 본다면 정신없이 큐티하는 것보다 더 풍성하게 말씀을 분별할 수 있지 않을까 합니다. 교회에서 신학 훈련, 성경 해석 훈련을 시켜야 합니다. 이건 양보하면 안 돼요.

권연경　　　큐티를 할 때 가장 큰 관심이랄까요 목적 중에 하나는 하나님의 인도를 받고 싶다는 거거든요. 그 부분에 있어서 구체적인 해명이 없으면 큐티에 대해서 이야기를 해도 대안이 안 나올 것 같아요.

김형원   그래서 권 교수님이 발제했잖아요.

권연경   교인들에게 이런 이야기가 분명하게 전
달되지 않으면 "하나님 인도를 어떻게 받아야 하나!" 질
문을 할 거거든요. 그러면 하나님이 어떻게 인도하시는지
설득력 있는 이야기가 있어야 한다는 거죠.

김형원   다음 주제에 이걸 다뤄야겠네요.

고상환   하나님의 인도하심을 어떻게 받나.

김근주   교인들이 언제나 물어보는 질문이 하나
님의 뜻을 어떻게 분별하는지예요.

김형원   그때그때 무당을 찾아가듯이 하나님의
인도하심을 받으려는 습성은 멈춰야 될 것 같고요. 하나
님의 훈련, 하나님에 대해서 알아왔던 흐름 속에서 분별
하는 것이 중요하다고 봐요. 그런데 당장 닥친 문제를 어
떻게 해결할지 고민하다 보니까 말씀을 주무르게 되죠.
"하나님, 오늘 10시까지입니다. 빨리 해결책 주십시오." 이

렇게 가는 건 아니란 거죠.

김근주   네. 시간이 지났습니다. 마지막으로 한 말씀 해주세요.

한병선   저는 큐티를 30년 가까이 했는데 유익을 많이 얻었어요. 큐티하는 방식도 많이 바뀌고요. 처음에는 나에게 적용할 거리들을 찾았지만 시간이 지날수록 그게 아니라 하나님을 알아 가면서 변해야 한다는 쪽으로 갔기 때문에 큐티를 하면서 변하지 않는다면 잘못하는 것 아닌가 생각해요. 하나님의 목적에 합하게 변해야 한다, 그러다 보면 유익이 있죠. '나'에게 유익이 있을까 생각하니 말씀과 괴리가 있죠.

김근주   네, 좋습니다. 오늘 큐티에 대해서 온갖 이야기를 했습니다. 큐티 자체가 해로울 여지가 있다는 것, 큐티집의 문제점도 특정한 잡지 이름을 거명했고요. 큐티를 열심히 하는 교회에는 어떤 문제가 있는지 이야기해 보았습니다. 그러면 어떤 대안이 있을까에서는 경건 도서 읽기, 신학 훈련, 마음을 훈련할 필요 등이 있었습니다. 그러면 매일매일 어떻게 하나님의 인도하심을 따라 사느냐 하는 궁금한 마음이 생겼습니다. 큐티 이야기는 이 정도로 해야 될 것 같습니다.

고상환   느헤미야에서는 큐티 안 시켜요?

김근주   예! 여기까지입니다. 박수!

방언___

영빨 있는 성도의 기본?

본 방송은 2013년 4월 17일 아이튠즈 팟캐스트에 업로드된 내용입니다.

전성민   기독연구원 느헤미야 팟케스트 에고에 이미 시간이 돌아왔습니다. 저희 기독연구원 팟케스트가 경박하다는 얘기를 해주셔서 제가 좀 진중하게 시작을 했으나 앞에 있는 분들이 절 도와주지 않으시네요. 저희들의 본색을 드러내서 경박하게 진행하도록 하겠습니다. 예, 오늘 주제는 방언. (옆에서 김근주 교수 우후!) 방언하셨나요? 김근주 교수님이셨는데요, 옆에 있는 분들 자기 소개 잠깐 해주시고 제가 오늘 발제자를 소개해드리도록 하겠습니다.

조석민   조석민입니다.

김근주   김근주입니다.

고상환   중학교 때 방언 받은 고상환입니다. (웃음)

배덕만   배덕만입니다.

전성민   전성민입니다. 오늘 발제자는 배덕만

교수님이신데요. 교수님은 오순절 신학에 있어서, 참 얼마
전에 책을 내셨죠?

고상환   책 제목이 뭐였나요?

전성민   책 제목이 《예언과 방언》 아니죠?

일동   《성령을 받으라》.

전성민   성령을 받으면 방언이 나오나요?

배덕만   원래는 그렇다고 생각을 하는 거죠.

전성민   오늘 그 이야기를 자세히 나눠 보도록
하겠습니다. 배덕만 교수님이 아까 오순절 신학의 대가라
고 말씀드렸죠? 자, 그러면 발제 듣도록 하겠습니다.

배덕만   한국 교회에 일종의 뭐라고 할까요……
모두가 앙망하면서도 늘 가십거리가 되기도 하고 비난,
논쟁거리가 되는 것이 방언이 아닐까 싶습니다. 굉장히 흔

한 현상이면서도 오해가 심각한, 굉장히 유익한 면이 있으면서도 위험의 소지가 있는 게 방언인 것 같고요. 제가 책을 낸 동기도 벌써 2010년입니다만 그때 소위 방언 논쟁이 있었습니다. 김우현 피디가 규장에서 《하늘의 언어》라는 책을 내서 성령 세례를 받으면 방언을 받아야 보편적인 것처럼 얘기했고 옥성호 씨가 그것을 정면으로 부정하는 책을 썼지요. 두 분이 다 평신도였는데 신약학을 전공하시고 방언에 조예가 있으신 평택대학교의 김동수 교수가 옥성호 씨의 글을 조목조목 비판하는 글을 썼습니다. 이후 1년이 지나자 고신대의 박영돈 교수가 《일그러진 성령의 얼굴》을 써서 이번에는 이 세 명을 조목조목 비판하면서 이제 논쟁이 학계로 가기도 했는데요. 재미있는 것은 오순절 계열에서 방언을 학문적으로 연구하는 그룹들은 이 부분에 무관심했습니다. 방언이 처음에는 오순절 교단에서 주장했던 거지만 이제는 한국 교회의 일반적인 신앙 현상이 됐는데 또 보수적인 개혁주의 신학자 중에서는 전통적인 입장인 '은사중지론'에 근거해서 방언 현상 일체를 비판하기도 합니다. 이 두 입장 중간에 계시는 분들은 적당한 거리를 유지하지요. 이러지도 저러지도 못하고, 방언을 하면서도 드러내 놓고 말하기가 어렵고요. 최근에는 소위 '신사도 운동' 안에서 방언이 관련되어 더욱 경계시하는 흐름을 보는 것 같습니다.

제가 결론적으로 말씀드리고 싶은 것은 소위 방언이 초대 교회에 있었고 성경에도 나와 있지만 근대에는 20세기가 시작이 되면서 미국에서 성결 운동을 하던 그룹들 안에 방언 현상이 나타나고 방언의 의미를 신학적으로 추적하면서 성령 세례를 받은 증거로 방언의 입장을 정리하는 사람들이 나옵니다. 이전부터 퀘이커라든가 메노나이트, 모르몬교에서도 방언 현상이 있었는데 그 방언의 의미를 성령 세례를 받은 증거로 규정하는 사람들이 나오고 그 주장을 따르는 사람들이 오순절파가 되면서 독립된 그룹이 생성됩니다. 기존의 성결교회 안에서 오순절 그룹이 떨어져 나오면서 독립된 교단이 되었지요. 그런데 19세기 말에서 20세기 초반에 오순절 운동이 설립이 될 때는 성령 세례에 관심이 있었고요. 성령 세례를 받은 중요한 증거로 방언을 봤는데 성령 세례의 목적은 방언 자체가 아니라 종말이 임박했고 전 세계적으로 선교 운동이 벌어질 때에 복음을 증거할 수 있는 힘을 하늘로부터 받는다는 것에 의미가 있었죠. 방언을 받으면 성령 세례를 받았다는 증거가 되고 그것이 선교 사역의 동력으로 쓰이죠. 예수님의 재림이 임박했다고 믿었기 때문에 선교지에 가서 외국어를 공부할 시간이 없다고 믿었고 그래서 방언을 통해 선교 현장의 언어를 초자연적으로 습득한다고 믿었습니다. 그래서 받은 방언의 언어에 따라 그 나라로 가야 한다고 해석이 되었죠. 즉 종말과 성령 세례, 외국어로서의 방언이 연결되는 건데 한국에 와서는 이런 것들이 다 없어지고 방언 자체, 신비 체험 자체가 주목되면서 초창기 방언의 신학적, 역사적 의미가 상실된 거죠. 성령 세례 받은 증거가 방언이고 그 방언이 외국어라고 생각하는 사람들은 거의 없어진 것 같습니다. 그런 의미에서 역사적 방언의 의미가 지난 백 년 동안 많이 변해 왔다고 보이고요. 지금도 방언에 대한 이해가 중요한 전환점에 와 있지 않나 생각이 듭니다.

전성민　　　　　몇 가지 더 얘기를 나누고 싶은 게 있지만 일단 노골적인 질문을 던지고 시작할게요. '나는 영어 방언을 받았다', '중국어 방언을 받았다' 하는 얘기를 들은 적이 있거든요. 정말 영어랑 중국어를 받은 건가요?

영어 방언을 하면 영어로 소통이 되는 건가요?

배덕만　　　　제가 논문을 한 편 썼는데요. 1906
년에서 1908년까지 아주사에서 부흥 운동이 일어났을
때 거기서 잡지가 하나 나옵니다. 'The Apostolic Faith
Mission'이라는 선교단체에서 《사도적 신앙》이라는 잡지
가 나오는데 방언 받은 사람들의 간증이 엄청나게 실려
요. 그것을 분석해 봤더니 실제로 외국어를 받았다는 이
야기가 굉장히 많이 나와요. 그런데 1900년대 초반
아주사에서 방언을 말하는 사람들이 대부분
자기가 하는 말을 모릅니다. 누군가 옆에서 통역을
해줘야 알죠. 외국어로 대화를 자유자재로 하는 것이 아
니라 초자연적인 찬양이나 문장이 자기 의사와 상관없이
선포되는 형태로 나타났던 거죠. 그래서 옆에서 통역한
내용을 보면 '주님의 재림이 임박했다', '회개하라', '예수
를 믿어라', '당신을 찬양합니다' 혹은 성경에 나오는 구절
들이었다는 거죠. 재밌는 에피소드가 있었요. 선교사 한
명이 중국 방언을 받았다고 해서 중국에 갔죠. 가서 방언
을 했는데 소위 중국말처럼 들린 거죠. '쩐따이 짜오 맛
따이 뚜와' 뭐 이렇게 들린 거죠. (웃음) 아무도 못 알아

듣는다는 걸 알고 다시 홍콩으로 와서 랭귀지 스쿨에 들어가요. 그때부터 방언이 외국어라는 생각이 부정되기 시작해요. 그런데 처음에 이것을 주장한 사람이 파밤이라는 사람인데 그 사람은 죽을 때까지 방언은 외국어라고 믿었어요. 그러나 제가 조사한 바에 의하면 외국어 구사력이 습득된 것이 아니고 초자연적으로 외국어 같은 문장들이 선포되었던 거죠. 그런데 파밤은 전혀 그 말을 모르고 뜻도 몰랐어요.

전성민　　　제가 말을 끊어서 죄송합니다만 제가 궁금한 게 많아서…… 사도행전에 보면 우리가 난 곳 방언을 듣는다고 얘기하잖아요. 의사소통이 되는 말들이었다는 얘긴데 방금 말하신 것보다는 좀더 외국어에 가까운 말을 했다는 건가요? 사도행전 2장에 있는 방언 말입니다.

배덕만　　　이건 성서학자들이 얘기해 주셔야 할 것 같아요.

조석민　　　사도행전 2장 1절, 8절의 방언은 외국

어인데 고린도전서 12-14장에 있는 단어는 인간이 알 수 없는, 인간이 배우지 않은 어떤 언어를 가리킵니다. 두 가지 상황이 다릅니다. 사도행전에 나타나는 방언은 외국어이고 고린도교회에 있었던 방언 현상은 이교도가 황홀경 속에서 말했던 현상들이 고린도교회까지 들어온 것이 아닐까라고 보는 입장까지 있습니다.

전성민　　　그럼 지금 우리도 두 가지가 다 벌어지는 건가요?

김근주　　　첫 번째 경우는 거의 없다는 거죠.

전성민　　　너무 빨리 본론으로 들어가서 죄송한데 제가 읽었던 책 중에 《밀림 속의 십자가》라는 책이 있었어요. 거기 보면 선교사가 원주민들과 의사소통이 되더라는 거죠. 자기가 한 말을 통역한 것이 아닌데 복음이 전달되고 믿었더라는 거예요. 외국어로서의 방언을 크게 부인은 할 수 없지 않냐는 생각이 들기도 하더라고요.

배덕만　　　지금도 그런 간증을 하는 사람들은 있

습니다. 다만 'The Apostolic Faith mission'에 실렸던 경우에 한정하면 거기에도 두 가지 현상이 다 나옵니다. 그 운동을 주도했던 사람이 윌리엄 시무어인데 이런 말을 합니다. '우리 중에는 모르는 언어로 방언하는 사람들이 있다, 외국어로 유창하게 방언하는 사람들도 있다.' 근데 외국어로 말했다는 경우는 의사소통이 가능한 언어를 습득한 건 아니고 자기가 성령에 취했을 때 방언이 터졌는데 지나가던 사람이 '너 그거 터키 말인데 어디서 배웠느냐?' 물으니까 '난 모른다' 하고, '네가 터키 말로 무슨 얘기를 했다' 이렇게 대화가 된다는 거죠. 이런 것을 보면 원할 때마다 터키어를 하는 능력을 아니었던 것 같습니다. 그러나 전 교수님이 말씀하신 것처럼 주장하는 사람들은 계속해서 있다고 알고 있습니다.

김근주 　　　흔히 기도원에서는 방언을 대신 방언, 대인 방언이라고 하지 않습니까? 대신 방언이 '랄랄라'로 대표되는 방언이고 대인 방언이 외국어 방언인 셈인데 대신 방언도 자기가 하고 싶어 말하는 게 아니라 통변해 보면 찬양하는 내용인 건데요. 외국어 방언 역시 자기가 하고 싶은 말이 아니라 그냥 말했더니 하나님이 하게 하시는 말이었다는 맥락인 것 같아요. 그런 점에서 방언을 한다고 해서 외국어를 습득할 필요가 없다는 말은 아니죠. 일상생활과는 상관없는 말이니까. 방언할 때 마음으로 기도한다, 말은 방언으로 하지만 머릿속으로는 하나님께 계속 기도한다는 차원일 것 같아요.

조석민   여기서 한 가지 용어는 확실히 해야 할 것 같아요. 대신 방언, 대인 방언이라는 말이 조직신학이나 교회사에 있습니까?

전성민   실천신학에 있겠죠? (웃음)

김근주   그건 기도원에서 하는 말이죠. 기도원 신학? (웃음)

전성민   제가 한 발짝 뒤로 가서 정리를 해보죠. 방언이란 주제를 다룰 때 문제의식이 있었던 거 아닌가요? 이 얘기를 오늘 우리가 나눠야 했던 갈급함 내지는 이유가 있었을 텐데요.

조석민   발제에서도 언급했지만 신사도운동에서 방언 현상을 언급하고 있고, 논쟁이 있었던 상황이니 우리가 한번쯤 짚고 넘어가야 하지 않을까요, 저는 한국 교회의 특징을 잃어버린 것 중 하나가 방언 현상이라고 봅니다.

전성민   특징을 잃어버린 것이 방언이란 얘기는?

조석민   각 교단의 특징을 잃어버린 거죠. 장로교, 감리교, 침례교, 성결교 모두 방언을 말하고, 방언을 갈망하니 더 혼란스러운 것 아닌가…….

전성민   직제는 다 장로교고 다른 건 다 오순절이고요.

조석민   그런 셈이라고 할 수 있죠.

배덕만   같은 맥락에서 저는 중요한 이유 중 하나가 김우현 씨의 책이라는 생각이 들어요. 《하늘의 언어》를 보면 '나는 모든 사람이 방언을 하길 원한다'라고 바울이 말한 부분을 강조하면서 모든 사람이 경험해야 되는 종교 경험으로 제시해요. 이 은사를 통해서 다른 은사로 나아갈 수 있는 것처럼 얘기하는 거죠. 성경을 보면 바울은 방언을 권면한 것이 아니라 경계하는 맥락에서 얘기를 한 것인데 저자는 뒷부분 얘기는 안 하는 거죠. 아까 말씀하신 대로 모든 그리스도인들이 중생의 경험처럼 반드시 방언을 해야 되는 듯 이야기하고 특별히 성령 세례가 일반화됐을 때에 그것과 방언이 동일시되는 거죠. 교회는 다니는데 방언을 하지 못한다 하면 성령을 받지 못한 것이거나 온전한 신앙인이 아니라는 생각이 보편적으로 가는 것 같고요. 그러다 보니까 평신도들이 방언을 하는데 목사가 방언을 못 하면 '영빨'이 없다고 생각하게 되죠. 제가 오순절 신학교에서 강의를 할 때 방언을 못 한다는 얘기를 하니까 학생들이 눈이 이렇게 커져요. 어떻게 목사님이, 교수님이, 그것도 오순절 전공하시는 분이 방언을 못하시는지……. 제가 마치 구원받지 못한 것처럼. 제가 나중에 방언 체험을 했는데…….

전성민   어, 방언을 받으셨어요?

배덕만   2년 후에 방언을 받았는데 제가 아주 구원을 받은 것처럼 기뻐하는 것을 봤어요. 이게 너무 과도한 의미 부여이자 굉장한 스트레스가 되는 것 같아요. 저희 교회도 교회 생활 처음 하신 분들의 제일 큰 바람이 '나도 방언을 했으면 좋겠다'예요. 방언을 못 하는 것이 성령을 받지 못한 것 같다는 부담감과 열등감이 되는 거죠. 이 부분은 신학자들이 점검해 주어야 하지 않나 생각합니다.

조석민   하나님 경험을 방언으로 체험해 보려는 성도들의 갈망이 있는데 정말 한 방으로 하나님 경험이 끝날지는 신학자들이 가르칠 부분이라고 생각합니다. 김우현 씨가 여러분이 모두 방언 받기를 원합니다 하는 고린도전서 14장 5절의 말씀을 인용했는데요. 나는 그보다 예언받기를 원합니다라고 한 것을 보면 방언을 갈망하라는 내용이 아닌데 완전히 오해하고 한쪽으로 편중되었다고 생각이 됩니다. 아까 기도원에서 말하는 대신 방언도 고린도전서 14장 2절에 나오는 대로 '방언을 말하는 사람은 사람들에게 말하는 것이 아니라 하나님께 대하여 말하는 것'이라는 바울의 말을 가져왔다고 봅니다. 아마 이것을 신학화해서 대신 방언이라고 이름을 붙이지 않았나 합니다. 그런 점에서 방언 문제는 뜨거운 감자예요. 함부로 얘기하기도 어렵고, 이 방언이 진짜인지 가짜인지, 방언 현상을 어떻게 받아들여야 할지 명확하게 학계에서도 논문 발표가 나오거나 학문적 연구가 쏟아지지 않는 것 같습니다. 오히려 오순절 계통에서 이 일을 많이 하고 있지 않나요?

전성민   다시 노골적인 질문을 해보죠. 방언 받으셨나요?

한병선   아니요. 저희 교회 목사님이 방언과 통변의 은사가 있으셨는데 이분이 일주일에 한 번씩 철야를 하면서 계속해서 방언을 받도록 하셨어요. 자기를 따라하라고 하시더라고요. 랄랄랄라 따라했더니 저보고 받았다고 했는데 저는 잘 모르겠어요. 몇 번 그런 경험이 있는데 제가 생각하기에 이거는 좀 아니지 않나. 왜냐면 그것이 방언인지 확실하지 않고 그걸로 인해서 하나님과 더 가까워지지도 않고 내 삶에 뜨거움이 생기는 것도 아니고 매일매일 하나님과 말씀으로 묵상하고 교제하고 사는 데 그렇게 중요한 것인가? 전혀 영향이 없었거든요.

전성민   받고 싶은 마음이 전혀 없으셨다?

한병선   그렇죠. 꼭 받아야 할 이유를 모르겠어요.

전성민   중학교 때 받으신 분이 말씀을…… 어떻게 받으셨는지…….

고상환   제가 중학교 때 부흥회를 했어요. 성결교 교회를 다녔었는데 다 지하실에 몰아넣고 문을 잠가 버리고 한 시간 동안 방언을 받지 못하면 돌아가지 못하는 상황에서 받았어요. 가짜인지 진짜인지 모르겠지만 가끔씩 기도에 골몰할 때 그 현상들이 나와요. 저는 이런 것들이 부정적인 부분인 것 같아요. '이거 안 받으면 안 된다', '성령을 체험한 사람은 이런 현상이 있어야 된다' 하는 자체가 잘못됐죠. 요즘은 신사도 운동이니 하면서 청년들이 찬양할 때나 기도할 때 방언이 당연시돼요. 방언하고 기도하고 그러니까 위화감이 조성되는 거죠. 저희 때와는 달라요. 저희 때는 하나님께서 주시는 은사를 순수히 갈망했는데 지금은 보여주기 위한 것 같아요. 청년들 사이에서 이런 얘기를 한대요. '난 방언 받았다.' 이 사람들은 끊임없이 방언을 하는 거예요. 주일 예배 때도 방언을 하고. 이런 현상으로 가는 것이 정말 아니다 싶어요.

전성민　　　방언을 받으니까 어떤 게 도움이 되던가요?

고상환　　　기도할 때 분위기로는 방언을 안 하면 죽을 판이어서……

전성민　　　아니, 지금도 가끔 기도에 골몰하다 보면 그런 현상이 나온다고 하셨는데.

고상환　　　아, 그때! 어떤 생각이 나느냐 하면 기

도를 하면서 굉장히 집중이 돼요. 기도를 집중해서 안 하면 헛말을 하잖아요. 그런데 방언을 하는 경우 집중해서 하나님 몰입한다는 느낌이 들어요. 그리고 내가 의도하지 않은 말을 해요.

전성민 　　　　근데 무슨 말을 하는지 본인은 모르죠.

고상환 　　　　의식은 해요.

전성민 　　　　마음으로 느껴지는 거예요?

고상환 　　　　마음으로는 느껴지는데 왜 내가 이 말을 하고 있지 하는 생각이 들어요. 정확히 이해는 못하지만 부지불식간에 랄랄라 하고 있는 거죠.

조석민 　　　　말이 헛 나오는 건 아닌가요?

고상환 　　　　그 생각을 해봤어요. 헛 나올 수도 있겠다는 생각은 해요.

조석민   중학교 2학년 때에 작은 골방에 몰아넣고 방언 못하면 살아나가지 못한다. 어쩌면 폐소공포증의 트라우마가 상황이 되면 살아날 가능성이 있습니다.

김근주   청취하시는 분들 가운데 방언하시는 분들은 조 교수님이 영적인 것을 사람의 눈으로 본다고 생각하실 것 같은데요.

전성민   성령의 은사를 무시하는…….

고상환   저도 그런 생각들을 가끔 해요. 그런 것들이 부지불식간에 트라우마로 나타나는 것 아닐까 하는데 반드시 그렇지는 않은 것 같아요. 지금은 이성적인 판단이 가능한 시기인데도 가끔씩 그런 현상이 나타나니 단순히 그런 이유는 아닌 것 같고요. 왜냐면 제가 의도적으로 방언으로 기도하기를 원하지는 않거든요. 근데 어느 순간 방언으로 기도하게 됐다 하면 또 하나의 은사 체험이라고 할 수 있는 거죠. 하지만 그것에 큰 의미를 두진 않아요. 왜냐하면 기도하면서 진실하게 하나님께 아뢰는 게 중요하지 한국어로 하느냐 하나님 나라 방언이라고 하느냐는 중요하지 않은 것 같아요.

조석민   　　제가 방언이라는 말을 주저하는데 왜냐하면 정말 성령이 가르친 방언인지 아닌지 알 수가……. 그래서 제가 자주 쓰는 표현이 방언 현상입니다. 그 현상이 저에게 일어났을 때 혀가 꼬여서 말이 제대로 안 됐어요. 혀가 말려서 내 혀를 마음대로 움직일 수가 없는데 나는 뭔가를 떠들고 있는 상황. 장로님, 권사님들은 '아, 이 학생이 방언한다' 이렇게 말씀하는데 저는 그 것을 인정하기 어려웠던 거죠. 방언인지 아닌지 그 의미를 알지 못하니까. 그러나 이제는 기도를 할 때 일부러 그렇게 하려고 해도 되지 않아요. 일부러 하려는 의도도 없고요. 그런데 그런 현상이 주변 학생들, 어른들에게 일어나는 것을 보면 정말 성경이 가르친 방언일까 굉장히 회의가 들었습니다. 나중에 전도사 시절에 밤을 새워 가면서 기도회를 인도하는데 옆에 있던 한 분은 방언을 한다고 하시는데 때 원투쓰리포, 원투쓰리포를 계속 반복하더라구요. 그리고 랄랄라 하는 소리가 계속 반복되는 것도 들은 적이 있죠. 그런데 이 방언이 고린도교회에만 유독 나타나거든요. 그 많은 서신 어디에도 방언이라는 단어가 없습니다. 신약성경에서 방언이 언급된 곳은 고린도전서 12, 13, 14장과 사도행전이 전부입니다. 그리고 마가복음 16장에서 '새 방언을 말하는 이'라는 구절인데 이것들 외에는 일체 나오지 않는다는 얘기입니다. 이것이 주는 함의가 뭘지 생각해야 하지 않을까요. 고린도교회가 이교 문화, 이방 문화의 영향을 받아 신자들이 물드는 것을 바울이 질타하고 교육하는 것은 아닐까 하는 생각도 듭니다.

전성민   아까 현대 교회사에 있었던 방언을 이야기해 주셨는데요. 초대 교회 교부들이나 중세 교회 때 방언에 대한 기록은 없나요?

배덕만   교회사가나 오순절주의자들이 그런 기록을 찾고 있는데 굉장히 적습니다. 아우구스티누스의 《하나님의 도성》을 보면 기사와 이적의 기록이 있어요. 그런데 방언이 주요 현상으로 드러난 것은 교회사에 굉장히 적습니다. 여러 이유가 있을 것 같아요. 이런 현상이 나타나는 그룹이 초대 교회에서 중세 말까지 볼 때 대체로 종말 운동하는 사람과 신비주의 운동이 연합이 되어서 섹터화되고 주류 교회의 박해를 당하는 경우가 많아서 교회사에 기록이 안 나온 건지도 몰라요. 실제로 있었는데 삭제되었거나 현상 자체가 없었거나 둘 중 하나이겠지만 어쨌든 교회사 안에 기록은 굉장히 적구요. 근대에 와서 19세기부터 미국과 영국, 아까 말씀드린 퀘이커라든가 메노나이트, 모르몬교에서 방언 현상이 나타난 것이 보이고요. 성결 운동의 한 그룹에서 2차 대각성 운동이 나타났을 때 여러 신비 현상이 나타났는데 그때 방언을 했다는 기록이.나타나요. 우리나라에서도 평양대부흥 운동 때 알지 못하는 언어로 말했다는 기록을 봤다는 사람도 있는데 그게 주요 현상은 아니었던 것 같아요. 사실 교회사에서도 방언 현상이 교회사 내내 보편적인 현상은 아니었고 19세기 중반 이후부터 갑자기 많이 나타나서 20세기에 들어와 보편화됐다고 보이는 거죠. 이것을 오순절주의 자들은 소위 이른 비, 늦은 비로 설명해요. 이스라엘에서 농사를 지을 때 이른 비가 오면 씨를 뿌리고, 늦은 비가 오면 추수 직전에 알곡이 익는다라고 이해를 하죠. 그래서 1세기 사도행전의 부흥 운동을 이른 비로 보고 19세기 말에서 20세기 초반의 오순절 운동과 관련된 성령 운동을 늦은 비로 봐서 곧 주의 임박한 재림이 있다고 설명해 냈던 거죠.

조석민 　　　교회사를 보면 1세기나 2세기까지는 방언의 은사가 있지만 19세기까지는 거의 방언 현상이 없기 때문에 빌리 워필드 같은 사람은 방언을 거부했고 또 월샤드 게핀 같은 사람은 방언 현상은 이제 끝났다고 이야기합니다. 그러나 19세기에 오면서 방언, 예언, 신유 등의 현상이 자꾸 나타나니까 이것을 어떻게 이해해야 할지 많은 고민이 있었다고 보입니다. 도나티스트 운동을 보면 예언 운동 속에 일정 부분 방언 현상과 예언 현상이 동시에 나타납니다. 그런 점에서 왜 1세기 당시의 방언 현상이 이후에는 드물게 나타날까. 신학자들은 사도적 증표로서의 계시적 사건이므로 지금은 성경과 같은 특별 계시로서의 계시가 주어지지 않고, 그것에 버금가는 방언 현상은 없으므로 더 이상 방언은 없다고 보는 것입니다.

전성민 　　　근데 다들 방언 받으셨다고 그러잖아요.

조석민   방언이 아니라 방언 현상이라고 했죠. 방언과 유사한 현상이 있다고 보는 거죠. 근데 그것을 방언이라고 말할 수 있을지.

전성민   특별 계시가 없기 때문에 사도적 권위가 필요한 방언은 더 이상 없지만 지금 벌어지고 있는 방언 현상 정도는 받아 주겠다는 건가요?

조석민   이 방언 현상이 기독교에만 나타나면 그 정도로 이해할 수 있는데 타 종교에서도 종종 보고가 됩니다. 알아들을 수 없는 언어로 계속 말하는 일이 있다는 겁니다. 그런 점에서 진위를 가리는 게 중요하다고 봅니다. 그래서 최근에는 알아들을 수 있는 말을 의지적으로 할 수 있는지 뇌를 스캔해서 확인하는 일도 있어요. 외국에서는 굉장히 활발하게 보고하는 것 같아요. 그런데 아직 우리나라에 잘 소개가 되지 않아서 그러는데 어느 교수에 의하면 과학적으로도 방언 현상이 어느 정도 밝혀졌다는 얘기를 듣기는 했습니다.

김근주   제가 고등학교 1학년 때 교회에 나가서 방언을 열심히 구했는데 안 생겼어요. 그런데 대학교 1학년 때 기숙사 뒷산에서 기도하다가 방언을 받는 경험을 했어요.

고상환   믿음이 생긴 거죠.

김근주   교회 전도사님이 우리 형제가 하는 말이 방언이 맞다고 확인해 주기도 했고. 근데 3학년쯤인가 우리 교회에 영빨이 센 분이 있었는데 그분이랑 같이 기도를 하면서 제가 방언을 했어요. 그랬더니 '근주 형제 지금 마귀 방언 하고 있다.' (웃음) 이렇게 저한테 얘기했었어요. 전 깜짝 놀랐고 '아 이건 뭔가?' 했죠. 공동체도 난리가 났었는데 다른 분들이 '그렇지 않다, 이 형제에게 마귀 방언 이런 말 함부로 할 수 없다' 이렇게 되었고요.

전성민   그분이 마귀 방언이라고 하는 건 뭐예요?

김근주   그분 나름. 근데 그분이 영적인 일에 집착하는 분이었고 공동체 내에 문제가 좀 있었어요. 그런

와중에 저에게 말을 한 것인데 하여튼 저는 굉장히 위축이 되었죠. 대학 4학년 때 제가 운동을 하면서 술을 마시고 담배를 피웠습니다.

전성민　　　여기서 운동은 헬스가 아닌 거죠?

김근주　　　시위하고 그러면서 담배를 한 6개월 피웠던 것 같아요. 놀라운 것은 그때 방언이 없어졌어요. 그전에는 마귀 방언이라는 말을 들어도 마음 먹으면 할 수 있었는데 담배가 타격이었어요.

조석민　　　담배 연기 속에 사라진 거 아닙니까.

김근주　　　담배를 피우고 난 다음부터는 말이 안나와요.

전성민　　　술은 들어가는 거고 담배는 나오는 기니까.

김근주　　　모르겠습니다. 하여튼 없어져 버렸죠.

옛날 기억을 살려서 하려고 해도 말이 안 나오는 거예요. 어색한 말이 되고 안 돼요. 이건 개인적인 경험이죠. 정확한지는 모르지만 방언이 불순종의 과정에서 사라지기도 하고 새로 받기도 하는 것 같아요.

고상환   성령이 소실됐군요.

전성민   새로 받으셨군요.

김근주   그렇죠. 새로 받기도 하고요.

조석민   문제는 방언의 내용, 방언의 진위를 이야기할 때에 개인의 체험이 기준이라는 겁니다. 그래서 혼란스러워져요.

김근주   그런데 저건 있죠. 통변의 은사가 있지 않습니까? 방언을 통역하는 은사를 가진 사람이. 실제로도 많이 만났고.

전성민   저는 방언은 많이 보고 얘기 들었지만 통변은 본 적이 없어요.

김근주   제 주위에 있었어요. 제가 하는 방언을 통역해 주시고 했었고.

조석민   어떤 식으로 통역을 하든가요?

김근주   제가 말을 하면 이야기해요. 일반적인 통역과 똑같은 거죠. 근데 그 내용이 성경 구절이에요. 아까처럼 '여호와를 찬양하라', '하나님을 신뢰하십시오', '하나님을 기뻐합시다' 이런 말이에요. 성경에 이미 있는 말인데 저에게 주어지면서 날 향한 말씀으로 접신성이 생기는 거죠.

전성민   아주 회의적인 사람이라면 통변도 가짜라고 볼 수 있죠.

김근주   충분히 그럴 수 있어요. 근데 저에게는 도움이 되었죠. 근데 결국 방언은 사람을 변화시킬 수 없어요. 하는 사람에게 엄청난 은혜이고 저에게 큰 힘이 되었는데 그 말씀이 내 삶이 되려면 매일 순종해야 해요. 훈련이 되지 않으면 인격과 성품은 절대 안 바뀌죠. 방언뿐만 아니라 성령 체험을 하면 흔히 불 받았다고 하잖아요. 백날 불 받아도 성품은 안 바뀌어요. 인격도 안 바뀌고. 인격과 성품은 오직 훈련으로 바뀌는데 그 출발점으로 좋은 게 성령 체험, 불 체험이죠.

전성민   불 체험 받으면 훈련 받고 바뀌기에 좋은 시작점이 된다는 거죠. 어쨌든 받는 게 좋은 거네요.

김근주   내 힘으로 할 수 없을 때 큰 유익이 된다는 면에서 선물인 것 같아요.

고상환   저도 동의해요. 지금 전 교수님이 얘기하신 거지만 방언 현상이 나타나면 그때는 마음이 좀 달라지죠.

전성민   그러면 한 간사님이 불 받으시면 지금보다 더 순종을 잘하게 되는 거예요?

고상환   그렇죠.

김근주   그건 모르는 일인 거예요.

한병선   아 그건 모르죠.

김근주   유익이 될 수 있는 건데.

배덕만   방언의 진위 여부나 가치를 떠나서 왜 달나라까지 가는 시대에 방언에 열광할까. 충분히 부정적으로 비판할 여지가 많은데도 말이죠. 손기철 장로님 같은 지성인들이 그런 운동을 벌이거든요. 이런 사람들이 열광주의, 신비주의라는 소리를 들어가면서 그런 운동을 왜 할까? 19세기 오순절 운동이 태동될 때에는 소위 박탈 이론에 근거해서 설명이 가능했어요. 사회적으로 박탈당한 사람들이 미래에 받을 보상을 여기서 당겨 받는다는 거죠. 근데 지금 교수님들이……

전성민   다 박탈된 사람들이죠. (웃음)

배덕만   그게 왜 그럴까요. 사실 오늘날 교회 다니는 사람들에게 가장 근원적인 두려움은 차마 말하지는 못하지만 하나님이 안 계실 수도 있다는 거예요. 목사님들이 수없이 하나님의 기적과 선교를 이야기하지만 우리 삶에서 하나님의 존재와 현존을 경험하기가 어렵다는 거죠. 수많은 사람들이 성공을, 기적을 간증하지만 내 삶은 여전히 변화가 없죠. 내가 믿는 것을 확신하고 싶은데 정교한 이론들이 기독교 교리를 부수고 들어와요. 목사님의 설교가 내 가슴을 못 치는 시대에 병이 낫는다든가, 방언을 한다든가, 음성을 듣는다든가 하면 신앙을 갖게 되는 변화점이 되잖아요. 그럴 때 우리가 가장 쉽게 접근할 수 있는 것이 방언이죠. 결국 방언에 대해서 여러 이야기를 할 수 있지만 방언을 받은 사람에게는 자기도 모르는 차원의 하나님 존재와 그분의 임하심, 그분과 가깝다는 것 등을 주관적이긴 하지만 제공해 주고 또 쉽게 유행이 돼죠. 그런 의미에서 저도 오랫동안 방언을 폄하하고 거부하다가 목회를 시작하면서 굉장히 절실했다는 겁니다. 관념이나 성경에 계신 하나님이 아니라 지금도 목회 현장에 함께하고 계심에 대한 갈망이 있었는데 어느 날 혀가 돌아가는 거죠. 어느 날 방언을 하면서 그게 굉장히 위로가 되고 하나님이 나를 만지고 계시구나 하는 것을 느꼈어요. 다른 분들도 비슷하지 않을까요? 신학적으로 맞느냐 안 맞느냐를 떠나서 방언에 집착하게 되는 이유가 아닐까 생각해 봤습니다.

한병선   저도 방언을 받았어요. 통변하는 사람이 제 기도를 두고 통변을 해줬거든요. 근데 그 내용이 나를 위로하고 격려하는 얘기였어요. '네가 뭐가 될 것이다' 이런 것이 아니라 '잘하고 있고 너를 알고 있고 앞으로 계속 그렇게 살아라'라고 격려하는 얘기였어요. 그것이 굉장히 위로가 된 것은 사실이에요.

전성민   왜 아까는 안 받으셨다고 말씀하셨어요?

한병선   저는 인위적으로 강요하는 이 방언이 진짜 방언일까 생각하게 돼요. 물론 옆에서 통변하는 걸 보면 가짜 방언은 아니겠죠. 그렇지만 '아! 내가 이걸 너무 사모해, 이걸 계속 해야겠어' 이런 생각이 들었기 때문에 전 더 이상 하지 않았어요. 그런데 저희 교회 내에서 그런 운동이 심하게 일어날 때 자매들이 이 통변하거나 예언하는 사람을 계속 좇아다닌다는 거죠. '아, 위로가 된다' 하고 열심히 순종하며 사는 것이 아니라 때가 되면 계속 좇아가는 거예요.

김근주   또 다른 점쟁이예요.

한병선   '언니, 내가 이 사람이랑 사귀어야 돼요?' 이렇게 가서 물어보는데 기가 막히는 거예요. 기도하면서 이 사람과 사귀면서 알아야 될 부분을 점을 치듯이 해마다 몇 번씩 가는 거예요. 그 자매에게 가서 '예언해주세요, 내 기도에 대해 통변해 주세요' 이러는데 하나님과의 만남에 사람을 넣는다는 자체가 저는 이해가 안 가는 거죠. 저는 하나님과 직접 교류하는 게 좋아서 더 이상 방언이나 통변 없이 교제를 해요.

김근주   종교가 삽시간에 무당으로 바뀌어요. 통변하는 사람 찾아가고 예언하는 사람 찾아가서 머리를 들이미는 것이 점과 다를 게 없어요. 감사하니 헌금한다고 하는 것도 복채랑 다를 바 없고. 목사 찾아가서, 사업할까요 말까요 물어보는 것과 차이가 없죠. 목사님께 삶을 나누는 것 자체를 나쁘다고 할 수 없고 통변하는 사람에게 통변 기도를 부탁하는 것 자체가 나쁜 건 아니겠지만 삽시간에 무당이 되는 건 종이 한 장 차이인 거죠.

고상환   전 방언에 대해서 유독 관심이 높은 한국에서만 이런 것인지 외국에서도 이런 곳이 있는지 모르겠어요.

배덕만   전 세계적인 현상이고요. 아프리카 같은 경우에는 넓은 의미에서 이슬람과 기독교로 양분되어 있는데 기독교의 90퍼센트 이상이 오순절 운동과 관련되어 있습니다. 남미도 가톨릭이 90퍼센트 정도고 10퍼센트가 개신교인데 그 개신교도 90퍼센트 이상이 오순절과 관련돼 있고요. 미국에서도 60년대 이후 세속화 논쟁이 시작되면서 대부분의 종교가 이제 쇠퇴했어요.

전성민   무슨 논쟁이 들어가면서요?

배덕만   세속화 논쟁요. 이 때문에 그런 건 아니지만 60년대 기점으로 미국 주류 교회가 다 쇠퇴했는데 유일하게 성장하는 교회들이 오순절 관련 교회예요. 제일 대표적인 논쟁 중에 하나가 하비 콕스가 70년대에 《세속도시》를 쓰면서 '종교 이후의 세대가 도래할 거다' 했는데 90년대 후반에 보니까 미국의 주류 교회는 쇠퇴하는데 맥시코와 아시아에서 온 사람들, 흑인 공동체에서 기독교가 부흥을 해요. 근데 거의 다 오순절과 관련된 방언 그룹들이라는 거죠. 아시아는 불교와 힌두 문화권이었기 때문에 한국과 중국, 필리핀 빼고 선교가 거의 실패했죠. 그곳을 제외한 제3세계 국가에서 뜨거운 부흥이 일어났는데 그 부흥의 중심에 오순절 운동이 있고 그 대표적인 현상이 방언과 축귀, 신유로 나타난다는 거죠.

조석민   방언이 세계적으로 불길처럼 번지고 사람들이 그것을 갈망하는데 과연 방언이 본인이 원하면 주어지고 그렇지 않으면 받지 않는 것인지 그 부분은 어떻게 생각하세요?

배덕만　　　　저는 흥미로운 게 그런 것인데 오순절 교인들에게는 방언이 지배적으로 나타나는데 장로교, 고신, 기장 등 굉장히 진보적이거나 굉장히 보수적인 교단에서는 잘 안 일어나거든요.

전성민　　　　기도를 안 하니까?

배덕만　　　　그 이유가 뭘까⋯⋯.

조석민　　　　제가 생각할 때는 진보, 보수가 아니라 성경 계시를 지적으로 가르치거나 교육하는 쪽에 편중된 교회는 방언 현상이 드물게 일어나는 반면⋯⋯.

전성민　　　　느헤미야는 지적으로 가르쳐요, 다방면으로 가르쳐요? (웃음)

조석민　　　　그런 반면 계시보다도 방언이나 기적, 신유의 은사 등을 갈망하는 그룹에서는 이런 현상이 더 많이 일어나는 상황은 아닐까라고요.

배덕만   그렇게 본다면 내가 받고 싶다고 받느
냐, 그분이 주시고 안 주시고를 결정하느냐 할 때 분명히
갈망하고 열심히 구하는 그룹에게는 훨씬 더 빈도 면에서
많이 나타나고 그렇지 않은 곳에서는 덜 나타나는 듯 보
이죠.

조석민   만일 그렇다면 그 방언은 성경이 가르
치는 방언 현상, 소위 말하는 고린도교회와 사도행전의
방언과 차이가 나는 것이 아닐까요. 왜냐면 종교적 열정
과 정성과 갈망으로 주어지는 것이라면 성경은 성령의 은
사로 주어지는 방언이 하나님이 일방적으로 주시는 선물
이라고 했으니까요. 그런 점에서 구별되는 것 아닐까요.
그렇다면 성경과 좀 다른 부분이 있겠다고 생각합니다.

전성민   선물도 달라 달라 하는 사람한테 더 주
시는 거 아닐까. (웃음)

김근주   만일 그렇다면 이게 필수는 전혀 아니

라는 거죠.

배덕만   그렇죠. 저는 성령 운동의 방언이
나 은사에 관심이 있었다기보다 성령 운동의
사회학적 의미가 중요했어요. 아주사에 부흥이 임
했을 때 백인과 흑인이 함께 예배를 드리고 여자들이 차
별받던 곳에서 여성 지도력이 인정되고 전쟁 기간 동안
반전 운동을 하는 등 성령이 임하자 사회적 통념을 넘어
서서 불가능하던 것들을 가능하게 했는데 결국 '하나님의
은혜로, 하나님의 능력으로 가능하구나'를 깨달았어요.
그것이 이상한 언어를 말하는 것보다 훨씬 강력한 사회
문화적 변혁을 만든다는 것이 저한테 충격이어서 오순절
운동을 연구하게 된 건데요. 개혁주의 진영에서는 성령을
얘기할 때 주로 요한복음이나 바울서신을 토대로 해요.
근데 오순절주의자들은 사도행전을 중요시해요. 그런데
제가 볼 때는 예수를 부인했던 베드로가 사도행전 2장에
서 성령을 받고 백주 대낮에 예수가 누군지 정확한 케리
그마 설교를 하는 장면이 굉장히 중요하다고 봐요. 또 하
나 보자면 '성령이 말하게 하심을 따라 각기 방언으로 말
했다' 하는데 내가 주도하던 언어와 혀가 성령의

통제함에 들어간다는 거죠. 그래서 저는 우리가 알지 못하는 방언도 폄하할 생각이 없지만 한 발짝 나아가서 죄 가운데서 비난하고 흥보던 혀가 성령의 권능 아래 바뀌는 것. 저는 어쩌면 그것이 우리가 더 앙망해야 될 진정한, 성령의 은사에서 성령의 열매까지 갈 수 있는 기능이 아닐까 해요. 그래서 성령이 임하면 예수에 대한 보다 온전한 이해와 고백, 증거에 들어가게 되고 내 혀가 거룩하게 사용되는 거죠. 룰루랄라 방언해서 한 발짝 나갔으면 좋겠다, 그것이 개인적 차원에서 사회 문화 변혁의 동력으로 가는 것 아닐까 합니다.

김근주　　　　　결국 방언의 유익이 덕을 세우고 나누냐 하는 건데요. 이웃에 대한 관심, 사회적 관심이 있던 분이 방언 받고는 개인의 경건 문제로 돌변해 버리는 경우가 있어요. 김우현 감독이 대표적인 예가 아닐까 하는 안타까운 마음이 있는데. 이분이 최춘선 할아버지를 찍을 때는 이웃에 대한 따뜻한 시선이 있었는데 방언 받고부터는 오직 방언, 영적 체험.

전성민　　　　　정말 그래요?

김근주   그 책을 보세요. 하늘의 언어에는 오직
방언 받게 하는 것 외에는 없어요. 가난한 이웃에 대한
그분의 애정과 최춘선 할아버지의 영상이 가져온 엄청난
능력이 있었는데 그걸 다 던져 버렸어요. 너무 아쉽죠. 오
순절 운동은 그렇진 않았던 것 같아요.

배덕만   주요 관심사 자체가 그게 아닌 거죠. 성
령 체험 자체가 중요시되니까.

전성민   이제 마무리로 들어가야 되겠습니다.

조석민   방언 현상에 있어서 영적 교만함이 문
제인데 그런 면에서 자기가 방언을 한다, 방언의 은사를
받았다는 분들은 교회의 덕을 세우기 위해서 노력해야
되지 않을까 합니다. 방언을 받았다는 것을 굳이 여기저
기 알릴 필요가 있을까. 자기 혼자, 교회의 덕을 세
우면서 하는 것이 필요하리라 생각을 합니다.

배덕만   아멘.

전성민   마무리 발언 한 마디씩 하시죠? 방언
으로 하지 마시구요. (웃음)

고상환   믿음이 연약한 사람들에게 그런 체험
은 중요한 것 같아요. 그것까지 저희가 뭐라 할 건 아니고
요. 체험을 통해서 약한 믿음이 새로워진다는 긍정적 측
면을 봐야 할 것 같고 그게 아까 말씀하신 것처럼 자신
에게 머무는 것이 아니라 이웃에게까지 나가는
게 필요한 것 같습니다.

배덕만   저는 최근에 신사도 운동, 방언하는 오
순절 운동 등에 대해 정교한 신학적 근거를 가지고 면밀
하게 비판하는 글을 많이 봤습니다. 문제는 전통 교회,
주류 교회 안에서 성령 운동을 건강하게 잘하
고 있다는 모델을 보여 줘야 되는데 그런 부분
은 없는 것 같아요. 기존 현상에 대한 비판은 있지만
구체적인 대안을 한국 교회가 제시해 주지 못하는 것이
결국 좋은 양들을 엉뚱한 데로 가게 하는 것 아닌가 생각
이 들었습니다.

전성민   아, 방언에 대한 말씀들 나눠 주셔서 감사합니다. 저도 한마디만 한다면 방언이 개인적인 신앙으로 멈추지 않고 우리의 이웃을 돌아보고 세상을 바라보는 출발점과 동력으로 전환되는 게 중요하지 않을까 하는 생각이 오늘 말씀 나누면서 들었습니다. 《이름 없는 선교사들의 마을, 블랙마운틴을 찾아서》란 책을 혹시 읽어 보셨나요? 방언이 끝나자마자 책 말씀을 드리지만 이 책을 한번 찾아보시면 왜 이렇게 여기서 난리를 쳤는지 알 수 있으실 것 같습니다. 마무리하겠습니다.

느헤미야 팟캐스트 2

Nehemiah Podcast 2

2014. 4. 30. 초판 1쇄 인쇄
2014. 5. 9. 초판 1쇄 발행

지은이 기독연구원 느헤미야
펴낸이 정애주
곽현우 국효숙 김기민 김의연 김준표 김진성
박상신 박세정 박혜민 송민영 송승호 염보미
오민택 오형탁 윤진숙 임승철 정한나 조주영
차길환 한미영

펴낸곳 주식회사 홍성사
등록번호 제1-449호 1977. 8. 1.
주소 (121-885) 서울시 마포구 양화진4길 3
전화 02) 333-5161
팩스 02) 333-5165
홈페이지 www.hsbooks.com
이메일 hsbooks@hsbooks.com
트위터 twitter.com/hongsungsa
페이스북 facebook.com/hongsungsa
양화진책방 02) 333-5163

ⓒ 기독연구원 느헤미야, 2014

ISBN 978-89-365-1024-4 (03230)

김동춘

총신대학교 신학과와
총신대학신학대학원을 졸업하고 독일
하이델베르크(Dr. theol.)에서 조직신학을
전공하였다. 국제신학대학원대학교.
조직신학 교수로 재직 중이며
현대기독연구원과 기독연구원
느헤미야에서 사회 속의 제자로 살아가는
평신도 양성에 힘쓰고 있다.
《전환기의 한국 교회—복음과 사회적
제자도를 위한 신학》 외 여러 책을 썼다.

배덕만

드류 대학교에서 미국교회사 전공으로
박사학위를 받았고, 미주성결교회에서
목사안수를 받았다. 현재는 대전에서 네
명의 여인들(숙경, 수연, 소연, 서연)과
함께 살면서, 복음신학대학원대학교에서
교회사를 가르치고, 주사랑성결교회에서
담임 목회를 하며, 종종 서울에 올라와
기독연구원 느헤미야에서 가르치고 있다.
미국 교회와 한국 교회의 역사적 상관
관계에 주목하면서, 성령운동, 교회와
국가, 교회개혁 등을 연구하고 있다.
《한국 개신교 근본주의》 외에 몇 권의
책을 썼고, 《미국의 종교》 외에
몇 권을 번역했으며, 학술지 〈종교연구〉
에 '한국신학과 세계신학의 한 가교로서
오순절 신학' 등의 논문을 썼다. 나이가
들어도 청년의 가슴으로 살고 싶은 '과한'
욕심을 품고 산다.

전성민

'기독연구원 느헤미야'라는 이름을 처음 제안한 전성민은 캐나다 리젠트 칼리지와 영국
옥스포드 대학에서 구약을 공부했으며 구약 윤리와 평신도 신학에 관심이 많다. 옥스포드
대학 출판부에서 발행하는 '신학과 종교학 단행본 시리즈'(Oxford
Theology and Religion Monographs)에서 《윤리와 성경의
내러티브》(Ethics and Biblical Narrative)를 출간하였다.
보드 게임, 퍼즐 맞추기를 좋아하고 '애플'에 무한 신뢰와
애정을 쏟는 애플 마니아이다. 커피 만들고 과자 굽는
아내와, 아빠보다는 한결 업그레이드된 외모의 두 아들과
함께 캐나다 밴쿠버에 산다. 지금은 밴쿠버에 위치한
기독교세계관대학교(VIEW) 교수로 일한다.

조석민

총신대와 합동신학대학원대학교를
졸업하고 목사안수를 받은 후 목회
현장을 경험했고 영국 브리스톨로
유학하여 요한복음을 연구하였다.
현재 에스라성경대학원대학교에서
신약학을 가르치고 있으며 광명시에
있는 함께가는교회에서 주일마다
설교하고 있다. 영국 셰필드에서 출판된
《제4복음서의 예언자 예수》(Jesus as
Prophet in the Fourth Gospel)와
《요한복음의 새관점》, 《그리스도인의
세상 보기》 등의 저술이 있다. 클래식
음악과 영화를 좋아하며, 성경만 알고
세상을 모르는 무식한 사람이 되지
않으려고 인문학에 관심을 갖고 온갖
종류의 책을 읽으며 발버둥 치고 있다.

한병선

대학에서 생물학을 전공했다. 중학생
때부터 사진 찍기를 즐겨하던 그녀는
대학생 때 학보사 사진기자, IVF
(한국기독학생회) 미디어팀에서 일하며
실력을 쌓았다. 결혼 후 미국에서 살다
3년 후 귀국하여 1998년 좋은교사대회
홍보영상을 제작하면서 본격적으로
영상 제작에 뛰어들었다. 그 후 기업
홍보영상, 학교 홍보영상을 비롯하여
기독교윤리실천운동 등 기독NGO
홍보영상 등을 제작해 왔으며, 2004년
영상프로덕션 '한병선의영상만들기'를
설립했다. 최근에는 기획 다큐멘터리와
영상 자서전 제작에 힘쓰고 있다. 지은
책으로는 《코끼리 아저씨와 고래 아가씨
결혼 탐구서》, 《이름 없는 선교사들의
마을, 블랙마운틴을 찾아서》가 있다.